Handbuch für Muskeltraining

Edgar Unger

# Handbuch für Muskeltraining

Meyer & Meyer Verlag

Schriftleitung der Handbuch-Reihe:
Dr. Ulrich Becker, Kaiserslautern

Die Deutsche Bibliothek – CIP Einheitsaufnahme

**Unger, Edgar:**
Handbuch für Muskeltraining / Edgar Unger. – Aachen:
Meyer und Meyer, 1995
ISBN 3-89124-241-7


Umschlaggestaltung: Walter Neumann, N&N Design, Aachen
Foto Titelseite: Ina Lauterwasser-Stielow
Fotos: Ina Lauterwasser-Stielow und Sascha Riedbaum
Satz: Times
Druck: Druckerei Queck, Jüchen
Printed in Germany
ISBN 3-89124-241-7

# Vorwort

Sport hat bei vielen unserer Mitmenschen einen hohen Stellenwert, erlebt wird er jedoch von den meisten passiv vor dem Fernseher. Deshalb leiden die meisten Menschen unter denselben körperlichen Defiziten. Die Erkrankungen des Stütz- und Bewegungsapparates nehmen überproportional zu, die Unzufriedenheit mit der eigenen Figur belastet die Psyche, die Alltagsbewältigung und das Ertragen erschwerter Umweltbedingungen überfordert viele.

Der Mensch verlangt meistens eine Besserung seines Gesundheitszustandes auf passivem Weg durch Spritzen oder Medikamente, oder er versucht, seine Figur mit Pülverchen, Kapseln oder ähnlichem zu verbessern. Mit Medikamenten können nur Symptome behandelt werden, mit Schlankheitsmitteln vielleicht kurzfristige Erfolge erzielt werden, die sich schnell wieder ins Gegenteil verwandeln (Jo-Jo Effekt). Nein, der Weg zu Gesundheit, Leistungsfähigkeit, Attraktivität und Wohlbefinden führt nur über Eigenaktivität.

Dieses Buch möchte Ihnen einen umfassenden, leicht verständlichen Überblick zum Thema Krafttraining geben. Es wendet sich in gleicher Weise an Anfänger, Wiedereinsteiger und Fortgeschrittene, die sowohl mit als auch ohne Gerät ihre Muskulatur sinnvoll trainieren und kräftigen wollen. Trainern und Übungsleitern wird dieses Buch eine wertvolle Hilfe bei der Vorbereitung und Planung der Trainingseinheiten sein, denn die nach neuesten trainingswissenschaftlichen Erkenntnissen und gesundheitssportlichen Aspekten entwickelten und ausgesuchten Übungen sind zumeist ohne großen Aufwand durchzuführen. Gleichgültig, ob Sie zu Hause, im Verein oder im Fitneß-Center trainieren möchten, dieses Buch wird Ihr Leitfaden für ein richtiges Muskeltraining.

Wir alle wissen mittlerweile, daß ein adäquates körperliches Training wie eine Bremse gegen Krankheit, Leistungsverlust und Alterung wirkt. Es geht nicht mehr darum zu beweisen, daß ein regelmäßig durchgeführtes Ausdauertraining für das Herz-Kreislauf-System unschätzbare Dienste leistet oder daß ein Training der Muskulatur für den Stütz- und Bewegungsapparat im Hinblick auf Rückenschmerzen, arthrotische Gelenkveränderungen, Osteoporose etc. sowohl präventiv als auch rehabilitativ eingesetzt werden kann.

Unser Trainingssystem trägt dem Rechnung. Es verbessert vor allem die Kraft, berücksichtigt aber auch die wichtigen motorischen Grundeigenschaften Ausdauer und Beweglichkeit.

Die Auswahl der Trainingsinhalte respektive der Übungsvarianten orientiert sich in diesem Buch verstärkt an Muskelbereichen, die für die Vorbeugung von Rückenproblemen relevant sind. Es besteht ein wesentlicher Unterschied zwischen einem herkömmlichen, die Peripherie betonenden Muskeltraining und einem Muskeltraining auf physiologischer Basis, welches seinen Schwerpunkt auf die Muskulatur des Achsenskeletts legt.

Dieses Wissen allein genügt natürlich nicht, es muß auch umgesetzt werden. Der Mensch muß zum langfristigen regelmäßigen Training motiviert werden.

Mein besonderer Dank gilt deshalb den beiden Fernsehstars Karsten Speck und Mark Keller, die sich für die Bebilderung dieses Buches zur Verfügung gestellt und damit wesentlich zum Gelingen dieses Werkes beigetragen haben. Sie dienen hier nicht nur als prominentes „schmückendes Beiwerk" dieser Ausgabe, sondern wurden von uns ganz bewußt wegen ihrer aktiven Lebensweise ausgewählt. Wir hoffen, daß Karsten und Mark, als Personen des öffentlichen Lebens, durch ihre sportliche Grundeinstellung eine gewisse Vorbildfunktion haben und Sie so zum regelmäßigen Training motivieren.

Besonders hervorheben möchte ich die Mitarbeit von Herrn Jürgen Rößler, der mir immer wieder mit Tips und Vorschlägen weitergeholfen hat.

Gedankt sei ferner den Firmen Venice Beach, Reebok und Polar für die freundliche Bereitstellung der Sportausrüstung sowie Ina Lauterwasser-Stielow und Sascha Riedbaum für die hervorragende fototechnische Arbeit.

# 1 Die Grundbegriffe des Muskeltrainings

Steht das Trainingsziel meist schon von vornherein fest – sei es Figurverbesserung, Verbesserung der allgemeinen Fitneß oder sportartspezifische Steigerung konditioneller Faktoren, so tut sich der Sportler, vor allem der Neu- oder Wiedereinsteiger, schon bedeutend schwerer beim sinnvollen Gestalten der Trainingseinheiten. Zu unterschiedlich sind die Angaben der Trainer und der Fachliteratur. Teilweise kursieren auf Sportplätzen, in Turnhallen oder Fitneß-Studios noch immer längst überholte Trainingsformen.

Um das Training zielgerichtet zu gestalten und auch um den gewünschten Effekt zu erzielen, kommt der Sportler oder Übungsleiter nicht umhin, sich mit den Variablen des Trainings eingehend zu beschäftigen.

Ausgangspunkt ist der Begriff „Trainingsreiz". Dieser kann auf vielfältige Weise im Training – je nach Ziel – variiert werden.

**Reizintensität:** Ausprägung eine Reizes. Während im Fitneß- oder Krafttraining die Reizintensität an den Größen des äußeren Widerstandes leicht angegeben werden kann (in kg, kp oder auch in m/sec. bei der Laufgeschwindigkeit), so ist sie bei Sportspielen schwerer zu beurteilen. Als Hilfsmittel können auch physiologische Werte (Laktat, Herzfrequenz) dienen.

**Reizumfang:** Der Reizumfang beschreibt die Gesamtheit der Einzelreize einer Trainingseinheit. In der Bodybuilding- oder Kraftsport-Literatur wird er meist errechnet als Produkt von Wiederholungen (Reizhäufigkeit), Serien und Belastung (Reizintensität / bspw.: 15 Wiederholungen x 3 Serien x 50 kg = 2.25 Tonnen Reizumfang), doch steckt in dieser Rechnung ein Fehler, denn einen entscheidenden Faktor stellt auch die jeweilige Hubhöhe des Gewichtes bei der Übungsausführung dar.

**Reizdauer:** Entweder die Dauer einer einzelnen Bewegung oder aber auch die Zeitdauer einer Übungsserie. Bei der Dauermethode ist die Reizdauer identisch mit dem Reizumfang.

**Reizdichte:** Die Reizdichte bezeichnet das Verhältnis von Belastungs- und Erholungsdauer und ist durch die Art der Pause (vollständige oder unvollständige/lohnende) gekennzeichnet.

**Reizhäufigkeit:** Unter der Reizhäufigkeit verstehen wir die Anzahl der Belastungsreize innerhalb einer Trainingseinheit.

**Trainingshäufigkeit:** Die Trainingshäufigkeit wird in der Regel durch die Anzahl der wöchentlichen Trainingseinheiten bestimmt.

Ob die gewählte Bewegung nun Laufen, Schwimmen oder auch das Training an Geräten in einem Fitneß-Studio ist, das Ziel wird über diese Variablen – wie oft, wie schnell, welches Gewicht etc. – angesteuert. Bei der Planung des Trainings gilt es, die Wechselwirkungen dieser Variablen zueinander und den jeweiligen Trainingszustand des Sportlers zu berücksichtigen. Die Konditionsentwicklung und damit natürlich auch die Ausprägung der konditionellen Fähigkeit „Kraft" ist neben dem Alter und der entsprechenden organischen und muskulären Veranlagung insbesondere vom zielgerichteten Training abhängig. Durch eine ausreichend starke Reizsetzung im Training ermüdet der Muskel, seine Reserven bzw. Depots werden geleert. Der Körper tendiert jedoch zur Erhaltung eines dynamischen Gleichgewichts zwischen seinem Leistungsvermögen und den Anforderungen der Umwelt. Deshalb reagiert der Körper bzw. der Muskel mit einer **Superkompensation**, das bedeutet, er füllt seine Depots über den ursprünglichen Stand hinaus auf, mit dem Ziel der Leistungs- und Funktionssteigerung. Diese Superkompensation ist also eine Art Schutzmechanismus, der bei wiederholter starker Beanspruchung einer erneuten Depotentleerung vorbeugen soll.

Damit diese Umstellung der inneren Systeme auf ein höheres Leistungsniveau stattfinden kann, also die Superkompensation eintreten kann, müssen folgende Prinzipien beachtet werden:

- Prinzip der optimalen Relation von Belastung und Erholung;
- Prinzip der langsamen, allmählichen Belastungssteigerung;
- Prinzip der Wiederholung und Kontinuität;
- Prinzip der Individualität.

Nach einem anstrengenden Muskeltraining, bspw. an der Beinpresse, ist Ihre Oberschenkelmuskulatur erschöpft und nur noch bedingt leistungsfähig. Es fällt Ihnen schwer, nach dem Training Treppen zu steigen, aus der Hocke aufzustehen etc.. Würden Sie nun am nächsten Tag die gleiche anstrengende Trainingseinheit für die Oberschenkel durchführen, frei nach dem Motto „viel hilft viel", werden Sie keine Leistungssteigerung erzielen, im Gegenteil, es verbleibt ein Ermüdungsrückstand. Sie kommen in den Bereich des Übertrainings und bauen auf Dauer sogar ab, weil der Organismus keine Zeit zum Wiederauffüllen der Speicher hat.

Beim Krafttraining benötigt ein Anfänger Erholungszeiträume bis zu 72 Stunden, während ein Fortgeschrittener mit 36 Stunden auskommen kann. Das bedeutet, eine 2-3malige Reizsetzung pro Muskelgruppe in der Woche ist ausreichend.

Warten Sie mit der erneuten Reizsetzung jedoch nicht zu lange. Ein einmaliges Training pro Woche ist zu wenig. Die Superkompensation entwickelt sich nach 3 – 4 Tagen auf das Ausgangsniveau zurück, Sie sehen keine Erfolge. Soviel zur Trainingshäufigkeit.

Ist die Reizintensität des Trainings zu niedrig, Sie führen bspw. 10 Wdh. an der Beinpresse mit 20% Ihres maximalen Leistungsvermögens durch, werden Sie ebenfalls keine Erfolge sehen, denn unterschwellige Reize führen im Organismus zu keinen Adaptationen.

Man kann sich also merken: Richtige Reizsetzung bedeutet die optimale Abstimmung von Umfang, Intensität und Erholungszeitraum. Es ist erforderlich, das Training langfristig zu planen. Einzelne, planlos oder sporadisch durchgeführte Trainingseinheiten, auch bei richtig gewählter Intensität, bringen keine Trainingsfortschritte.

Irgendwann hat sich Ihr Körper an die Trainingsreize, die Ihnen anfangs sehr anstrengend erschienen, gewöhnt. Der gewünschte Trainingseffekt, nämlich die Verbesserung Ihrer Leistungsfähigkeit ist eingetreten. Sollten Sie weitere Fortschritte anstreben, so gilt es natürlich, die genannten Variablen von Zeit zu Zeit dem angestiegenen Niveau anzupassen.

Im Krafttraining verwenden wir die Begriffe Sätze oder Durchgänge und Wiederholungen. Kürzer und griffiger sind die englischen Bezeichnungen „sets" und „reps" ( Abk. für repetitions = Wdh.). Haben Sie bspw. beim Bankdrücken die Hantel ohne Unterbrechung 10x nach oben bewegt, so war das 1 Satz mit 10 Wiederholungen. Der Anfänger begnügt sich mit 1-3 Sätzen pro Übung, der Fortgeschrittene erhöht auf 3-5 Sätze.

Weitere Informationen zur Trainingsgestaltung finden Sie in den Kapiteln 2.1 – 2.4. und 11.

# 2 Was ist das eigentlich – Kraft?

Viele werden sich aus der Schulzeit an die physikalische Definition F = m x a (also Kraft ist Masse mal Beschleunigung) erinnern, womit die dynamische Wirkung der Kraft beschrieben ist. In der Physik spielt auch noch die verformende Wirkung der Kraft eine Rolle. Kraft ist eine Eigenschaft, die zu einer Änderung des Ruhe- bzw. des Bewegungszustandes eines Körpers führt.

Aus physikalischer Sicht neigt ein Körper dazu, in seinem Zustand, sei es Ruhe oder Bewegung, zu verharren. Dies ist die Massenträgheit, alles, was diese Trägheit ändert, wird mit Kraft oder Kräften bezeichnet. Kraft läßt sich auch über ihre Wirkung definieren: Sie hat entweder eine verformende oder eine beschleunigende Wirkung.

Kraft als motorische Eigenschaft des Menschen ist eine der folgenden fünf motorischen Hauptbeanspruchungsformen:

- Ausdauer;
- Kraft;
- Beweglichkeit;
- Koordination;
- Schnelligkeit.

Diese entwickeln sich im Laufe eines Lebens unterschiedlich, können durch entsprechendes Training in den verschiedenen Altersstufen optimiert werden und ohne spezifisches Training im fortschreitenden Lebensprozeß signifikant nachlassen.

Diese fünf Faktoren bestimmen nachhaltig unsere Leistungsfähigkeit und unsere Lebensqualität. Deshalb werden sie in den folgenden Kapiteln genauer erläutert. Doch zurück zur Kraft, um die es in diesem Buch hauptsächlich geht. Ein Sprinter verfügt über eine andere Kraft als ein Bodybuilder oder ein Tour de France-Radrennfahrer. In der Trainingspraxis wurde deshalb eine Unterscheidung in Maximalkraft, Kraftausdauer und Schnellkraft eingeführt. Diese Einteilung ist nicht unproblematisch, weil beispielsweise die Schnellkraft sehr stark von der Maximalkraft abhängig ist und deshalb nicht gleichrangig auf derselben Stufe stehen sollte wie die Maximalkraft. Man kann auch sagen, die Maximalkraft ist die wichtigste Basiskomponente der Schnellkraftfähigkeit.

## 2.1 Maximalkraft

Definiert ist die **Maximalkraft** als die **höchstmögliche Kraft, die das Nerv-Muskel-System bei willkürlicher Kontraktion auszuüben vermag.**

Die Maximalkraft ist abhängig vom Muskelfaserquerschnitt (der Dicke der einzelnen Fasern), der willkürlichen Aktivierungsfähigkeit (womit die neuronale Steuerung gemeint ist und häufig mit intramuskulärer und intermuskulärer Koordination bezeichnet wird) sowie von der Muskelfaserzusammensetzung, also, ob mehr weiße oder mehr rote Muskelfasern vorhanden sind, wie dicht die Myosinfilamente zusammenliegen und wie groß ihr Abstand zu den Aktinfilamenten ist.

Um die Maximalkraft zu erhöhen, kann man sowohl den Muskelfaserquerschnitt vergrößern als auch die willkürliche Aktivierungsfähigkeit erhöhen. Maximalkrafttraining bedeutet dabei nicht automatisch ein Training mit maximalen Widerständen zur Verbesserung der intramuskulären Koordination (willkürliche Aktivierungsfähigkeit), sondern eben auch ein Training mit submaximalen Belastungen zur Vergrößerung des Muskelfaserquerschnitts (Muskelquantität).

Die Muskelfaserzusammensetzung ist in erster Linie genetisch festgelegt, wobei man erkannt hat, daß es möglich ist, weiße Fasern zu roten umzutrainieren, umgekehrt dies jedoch nicht möglich ist. Gute Sprinter mit ihrem hohen Anteil an weißen Muskelfasern werden sozusagen geboren. Die Faserzusammensetzung beeinflußt die Maximalkraftfähigkeit, denn Muskeln mit einem hohen Anteil an weißen Muskelfasern können fast doppelt so viel Maximalkraft entwickeln wie Muskeln mit einem hohen Anteil an roten Fasern.

### 2.1.1 Wie vergrößere ich meinen Muskelfaserquerschnitt?

Man verwendet am besten die Bodybuilding-Methode, die zu den Methoden der wiederholten submaximalen Kontraktionen gehört.

**Bodybuilding-Methode:**

Faustregel: 60 – 80% der maximale Leistungsfähigkeit;
3 – 5 Durchgänge pro Übung;
8 – 12 Wiederholungen pro Durchgang;
unvollständige Pausen (Herzfrequenz ca. 120), unter 2 Minuten;
2 – 3 Reizsetzungen pro Muskel pro Woche;
1 – 2 Tage Pause zwischen den Reizsetzungen.

Für die Bewegungsausführung schlagen wir ein eher langsames bis mittleres Bewegungstempo vor. Die Lasten bzw. Widerstände sollten so ausgewählt werden, daß nach der letzten Wiederholung die eingesetzte Muskulatur vollständig erschöpft und nicht mehr in der Lage ist, ohne Hilfe weitere Wiederholungen auszuführen. Ohne dem Übungsteil vorzugreifen, sollte schon hier darauf hingewiesen werden, daß Angaben wie maximale Leistungsfähigkeit oder vollständige Erschöpfung immer die Gefahr einer Überlastung beinhalten und deshalb für den Anfänger ungeeignet sind.

Auch für den Fortgeschrittenen sollte immer zuerst die fehlerfreie Übungsausführung im Vordergrund stehen.

Es gibt eine Vielzahl von Abwandlungen dieser Bodybuilding-Methode, von denen wir hier die gebräuchlichsten vorstellen möchten.

a) Mit einer konstanten Last, 60 – 80% (abhängig vom Trainingszustand), werden pro Übung 3 – 5 Durchgänge mit 10 Wiederholungen durchgeführt.

b) Mit einer konstanten Last, 60 – 80% (abhängig vom Trainingszustand), werden pro Übung 3 – 5 Durchgänge mit unvollständigen Pausen ausgeführt, so daß die Wiederholungszahl bis zur Erschöpfung in jedem Durchgang um 1 -3 abnimmt.

c) Man arbeitet mit ansteigender Last und abnehmenden Wiederholungszahlen, mit einer sogenannten Pyramide. Beim Training mit submaximalen Widerständen verwendet man die abgestumpfte Pyramide. Abgestumpft deshalb, weil die Spitze, also Wiederholungszahlen zwischen 1 und 5 weggelassen werden.

Bsp.: 12 Wdh. mit 60%
10 Wdh. mit 65%
8 Wdh. mit 70%
6 Wdh. mit 75%

d) Im Bereich des Fortgeschrittenentrainings haben sich speziell im Bodybuilding Trainingsprinzipien herausgebildet, die für den Freizeit-, Breiten- und Gesundheitssport ungeeignet sind, die wir aber für Geübte aufgrund ihrer großen Wirksamkeit zur Muskelfaserhypertrophie anführen möchten.

- **Abgefälschte Wiederholungen (cheatings):**

Dies ist eine der üblichsten Formen, um nach einer lokalen Muskelermüdung noch 2 – 3 weitere Wiederholungen zu absolvieren. Dabei wird die Übung technisch nicht mehr korrekt ausgeführt und es kann insbesondere im Bereich der Wirbelsäule zu Überlastungsschäden kommen, wenn der Rumpf zur Schwungverstärkung eingesetzt wird. Wir möchten von diesem Prinzip abraten.

- **Erzwungene Wiederholungen (forced reps):**

Hier hilft der Partner gerade soviel, daß der Übende noch 2-3 mal den Widerstand überwinden kann.

- **Negative Wiederholungen (negative reps):**

Nachdem man so ermüdet ist, daß keine weitere konzentrische Wiederholung mehr möglich ist, hilft der Partner, den Widerstand in die Ausgangsstellung zurückzubringen. Der Übende läßt das Gewicht selbständig und kontrolliert ab und schließt seinen konzentrischen Wiederholungen noch 2-3 exzentrische Wiederholungen an.

Theoretisch wäre es möglich, während eines Satzes Bankdrücken vor der exzentrischen Phase 10 – 40% mehr Gewicht aufzulegen und vor der konzentrischen wieder abzunehmen, um den Muskel optimal auszulasten. Dies findet aufgrund der Umständlichkeit im Trainingsalltag kaum Resonanz. Allerdings gibt es Gerätehersteller, die dieser Erkenntnis Rechnung getragen und ihre Maschinen dementsprechend programmiert haben.

- **Abnehmende Wiederholungen (burnouts):**

Der Trainierende hat ein Gewicht auf der Hantel (kleine Scheiben), das etwa 70% seiner Maximalleistung entspricht. Sobald er es nicht mehr heben kann, nehmen die Helfer auf jeder Seite jedesmal eine Scheibe herunter, bis der Trainierende beim vollständigen Muskelversagen angelangt ist.

- **Supersätze**

Bei den Supersätzen kann man einmal 2 Übungen zusammenfassen, die nichts miteinander zu tun haben, beispielsweise Bankdrücken und Wadenheben. Das bringt eine Zeitersparnis und vielleicht einen konditionellen Effekt.

Bei der anderen Form wird ein Muskel – beispielsweise der Brustmuskel – durch eine isolierende Übung (Butterfly) vorermüdet und dann ohne Pause beim Bankdrücken weitergefordert. Die Leistung beim Bankdrücken ist zwar verringert, es kann nur wenig Gewicht bewältigt werden, aber der Brustmuskel kann noch weiter erschöpft werden, weil Armstrecker und vordere Schultermuskulatur mithelfen, die Hantel nach oben zu bringen.

Supersätze können auch so eingesetzt werden, daß das schwächste Glied des Körpers bei einer Übung nicht überlastet wird. Betrachten wir beispw. die Übung Kniebeugen: Gesäß- und Oberschenkelmuskulatur sind sehr belastbar, der untere Teil des Rückens hingegen weniger. Wähle ich jetzt ein Gewicht, das die Gesäßmuskulatur ausreichend trainiert, kann dieses unter Umständen für die Lendenwirbelsäule schon schädigend sein, weil deren Muskulatur den Rücken bei dieser Last nicht stabilisieren kann. Gefahrloser ist es, die Gesäß- und Oberschenkelmuskulatur durch isolierte Übungen (Beinpresse, Beinstrecker) vorzuermüden und die Kniebeugen dann mit einem leichteren Gewicht durchzuführen.

### 2.1.2 Wie verbessere ich meine willkürliche Aktivierungsfähigkeit?

Eine Kraftzunahme ist nicht nur über eine Zunahme der Muskelmasse möglich, sondern auch durch das Training der willkürlichen Aktivierungsfähigkeit, der neuronalen Steuerung oder einfacher ausgedrückt, dem Zusammenspiel zwischen Nervensystem und Muskel.

Wenn man zum Beispiel die Anfangsleistung eines Einsteigers beim Bankdrücken mit seinem Ergebnis nach 4 – 5 Trainingseinheiten vergleicht, wird man über diese „Leistungssteigerung“ überrascht sein. Eine muskuläre Anpassung kann hier aber noch nicht stattgefunden haben. Dieser Anstieg hat seine Ursachen in einer verbesserten Koordination, es hat also eine Anpassung im Bereich des Nervensystems stattgefunden. Am Anfang ist kaum jemand in der Lage, die volle Kraft seiner agonistisch tätigen Muskulatur auszuschöpfen, denn alle motorischen Einheiten müßten dazu gleichzeitig aktiviert werden. Die motorische Einheit besteht aus der motorischen Nervenzelle und den von ihr innervierten Muskelfasern. Die Größe der motorischen Einheiten schwankt von Muskel zu Muskel. Es gibt kleinere motorische Einheiten mit einer relativ großen Zahl pro Muskelquerschnitt und einer feineren Abstufbarkeit der Bewegung bei geringerer Kraftentwicklung (Auge, Finger) und große motorische Einheiten mit einer relativ geringen Zahl pro Muskelquerschnitt und gröberer Abstufbarkeit der Bewegung bei größerer Kraftentwicklung (Gesäßmuskel).

Der Muskel kann die bei seiner Kontraktion erreichte Kraftentwicklung einmal durch die Rekrutierung der in Aktion tretenden motorischen Einheiten und zum anderen durch die Frequenzierung der die motorischen Einheiten aktivierenden Nervenimpulse variieren. Deutlich wird dies wieder beim Anfänger, der dazu noch nicht in der Lage ist und an seinen grobmotorischen Bewegungen erkannt wird.

Unter willkürlicher Aktivierungsfähigkeit können wir uns also die Fähigkeit vorstellen, einen möglichst großen Anteil unseres Kraftpotentials willkürlich einsetzen zu können. Eine maximale Kraftentwicklung wird erreicht, wenn sich alle Fasern des Muskels synchron kontrahieren.

Damit haben wir die **Rekrutierung**, die **Frequenzierung** und die **Synchronisation** als entscheidende Faktoren der willkürlichen Aktivierungsfähigkeit.

Die intermuskuläre Koordination bezeichnet das Zusammenspiel des tätigen Muskels und seiner Synergisten (Hilfsmuskeln) bzw. seinem Antagonisten (Gegenspieler). Als Beispiel seien Beuger und Strecker oder Adduktor und Abduktor als Agonist und Antagonist genannt.

Zur Verbesserung der willkürlichen Aktivierung eignen sich Trainingsmethoden, die durch maximale bzw. fast maximale Krafteinsätze, niedrige Wiederholungszahlen und längere Pausen zwischen den Sätzen gekennzeichnet sind.

- 80 – 100% der max. Leistungsfähigkeit
- 1 – 3 Wiederholungen pro Satz
- 3 – 5 Sätze pro Trainingseinheit
- 2 – 3 malige Reizsetzung pro Woche
- 3 – 5 min. Pause zwischen den Durchgängen
- Bewegungsausführung schnell bis explosiv

**a) Methode aus dem Trainingsprogramm russischer Gewichtheber:**

1. Übung: (70% x 3) 3x, (80% x 2) 2x, (90% x 1) 2x, (100% x 1) 2x
2. Übung: (80% x 2) 2x, (90% x 2) 2x, (100%x1) 2x
3. Übung: (80% x 3), (90% x 2), (100% x 1)

Erläuterung: Mit 70% des maximalen Leistungsvermögens werden 3 Durchgänge à 3 Wiederholungen gemacht.

**b) Methode aus dem Trainingsprogramm bulgarischer Gewichtheber:**

Es werden pro Übung 5 Durchgänge mit jeweils einer Wiederholung ausgeführt, die Belastung sollte bei jeder Wiederholung bei 100% liegen. In jeder neuen Trainingseinheit wird die Belastung ein wenig erhöht.

**c) Reaktive Methode**

Nach einem Tiefsprung von einem hohen Kasten erfolgt ein Aufsprung auf einen kleineren Kasten. Trainingsformen dieser Art, zum Teil noch mit Zusatzlasten ausgeführt, sollten aufgrund hoher psychophysischer Belastung und hoher Verletzungsgefahr entsprechend vorbereiteten Leistungssportlern vorbehalten bleiben. Die Vorteile des Reaktivkrafttrainings liegen in einem ausgeprägten Kraftgewinn ohne Massenzunahme und daraus resultierender Körpergewichtszunahme. Die Muskel- und Sehnenelastizität wird erhöht, Innervationshemmungen werden reduziert.

## 2.2 Schnellkraft

Schnellkraft wird als die Fähigkeit definiert, Widerstände mit höchstmöglicher Kontraktionsgeschwindigkeit zu überwinden. Dadurch werden Gegenstände oder der eigene Körper auf hohe Geschwindigkeiten beschleunigt. Der Begriff Schnellkraft steht nicht auf der gleichen Stufe wie die Maximalkraft, weil diese die Basiskomponente der Schnellkraftfähigkeit ist. Die Schnellkraft hängt weiterhin maßgeblich von der Größe der Querschnittsfläche der weißen Muskelfasern ab. Aber auch Reaktionsvermögen bspw. am Start, Muskel- und Sehnenelastizität und die Rekrutierungsabfolge spielen eine Rolle.

Das Schnellkrafttraining hat im Freizeit-, Breiten- und Gesundheitssport keine Bedeutung. Im Gegenteil, Trainingsformen mit maximaler Geschwindigkeit bergen häufig ein Verletzungsrisiko in sich und haben keinen präventiven oder rehabilitativen Nutzen.

Für Sportler oder Trainer, die an der Schnellkraftleistungsfähigkeit arbeiten, seien hier noch folgende Empfehlungen ausgesprochen:

- Zuerst sollte die Maximalkraft gesteigert werden, dann folgt ein techniknahes Schnellkrafttraining zur Wiedererlangung bzw. Steigerung des Kontraktionsgeschwindigkeitsniveaus. Dies kann entweder in nach herkömmlichem Muster aufgebauten Trainingseinheiten erfolgen oder durch Blocks, wie es von führenden russischen Trainingswissenschaftlern vorwiegend empfohlen wird. In einem Block wird eine, auf eine begrenzte Zeitetappe (mindestens 4 Wochen) konzentrierte, intensive Kraftbelastung gesetzt, an die ein gleich langer, umfangbetonter Block geringerer Intensität anschließt, in dem allgemeinentwickelnde Trainingsinhalte vorherrschen.

- In der Trainingspraxis können bspw. im Sprint Bergabläufe oder Zugläufe zur Erfahrung einer höheren Geschwindigkeit eingesetzt werden, bei den Wurfdisziplinen können leichtere Geräte zur Schulung explosiverer Bewegungsausführungen benutzt werden.

## 2.3 Kraftausdauer

Die Verbindung der beiden relativ konträren Begriffe Kraft und Ausdauer ist definitorisch betrachtet nicht ganz unproblematisch. Ausdauer, häufig auch fälschlicherweise mit Kondition gleichgesetzt (alle motorischen Beanspruchungsformen sind konditionelle Fähigkeiten), bezieht sich immer auf die Ermüdungswiderstandsfähigkeit des Organismus. Die Frage ist nur, wie lange die Kraftleistung aufrecht erhalten werden muß und wieviel Prozent der maximalen Leistungsfähigkeit der Krafteinsatz betragen soll, damit man von Kraftausdauer sprechen kann.

Kraft in der Oberschenkelmuskulatur braucht sicherlich auch ein Teilnehmer an der Tour de France, der jedoch stundenlang unterwegs ist. Wenn eine Sekretärin den ganzen Tag am Bildschirm sitzt und dabei die Arme ständig angewinkelt zum Tippen in Vorhalte haben muß, ist das auch Kraftausdauer?

Wir möchten nicht auf die herkömmlichen trainingswissenschaftlichen Definitionen zurückgreifen, sondern nur festhalten, daß Kraftausdauer die Fähigkeit der Muskulatur beschreibt, Bewegungsfrequenz oder Stellung gegen länger andauernde oder sich wiederholende statische oder dynamische Beanspruchungen konstant zu halten.

Man kann die Kraftausdauer in die Kurzzeit-, Mittelzeit- und Langzeitkraftausdauer unterteilen.

Trainingsformen zur Verbesserung der **Kurzzeitkraftausdauer** entsprechen im wesentlichen den Empfehlungen für das Training zur Muskelquerschnittsvergrößerung (Bodybuilding-Methode).

**Training der Kurzzeitkraftausdauer**
- Intensität: 50 – 80% der max. Leistung
- Wiederholungszahl: 10 – 15
- Durchgänge: 3 – 5
- Pausen: unvollständig
- Bewegungsausführung: langsam bis zügig
- Energiebereitstellung: ausschließlich anaerob

**Die Mittelzeitkraftausdauer** stellt etwa gleich große Anforderungen an Kraft und Ausdauer. Die Energiebereitstellung erfolgt zu gleichen Anteilen aerob und anaerob. Trainiert wird in extensiven Intervallen bzw. im Zirkeltraining mit höheren Wiederholungszahlen oder längerer Belastungsdauer als im Wettkampf.

**Training der Mittelzeitkraftausdauer**
- Intensität: 30 – 50% der max. Leistung
- Reizdauer: 25 – 45 sek.
- Durchgänge: 2 – 5
- Pausen zw. den Durchgängen 2 – 3 min.
- Bewegungsausführung: langsam – zügig
- Energiebereitstellung: aerob/anaerob

Die Pausengestaltung zwischen den einzelnen Stationen ist abhängig vom Trainingszustand und kann mit zunehmender Leistungsfähigkeit verkürzt werden. Bei einer Reizdauer von 25 sek. pro Station sollte für den Anfänger etwa die doppelte Zeit zur Erholung eingeplant werden. Für Fortgeschrittene lassen sich die Pausen durch eine entsprechende Anordnung der Stationen (Agonist dann Antagonist) minimieren. Zum Teil kann auch die Herzfrequenz als Steuerungsgröße zur Pausengestaltung herangezogen werden (nächste Station bei Puls 120).

Die **Langzeitkraftausdauer** ist gekennzeichnet durch das Überwiegen der aeroben Energiebereitstellung. Die Intensität wird bei steigender Seriendauer weiter reduziert und liegt bei etwa 30% der maximalen Leistung.

Dem Training der Kraftausdauer kommt im Gesundheitssport eine zentrale Bedeutung zu. Während Maximalkraft- und insbesondere Schnellkraftfähigkeiten in den meisten Sportarten eine entscheidende Rolle spielen, sind unsere Alltagsbelastungen, z. B. das länger andauernde Einhalten von bestimmten Körperstellungen am Schreibtisch, im Auto, im Haushalt oder am Fließband, durch die Komponente Kraftausdauer geprägt. Fehlt hier das entsprechende Training, kommt es häufig zu muskulären Dysbalancen, Verspannungsschmerzen, Haltungsschäden und degenerativen Veränderungen. Bei muskulären Dysbalancen befindet sich die für ein Gelenk verantwortliche Muskulatur nicht im physiologischen Gleichgewicht. Verkürzte Muskeln müssen gedehnt und abgeschwächte Muskeln entsprechend auftrainiert werden, um diese Dysbalancen zu beseitigen.

Gerade bei einer Analyse des Sitzens wird deutlich, daß sich die Beinbeuge- und Hüftbeugemuskulatur verkürzen und die Gesäßmuskulatur zur Abschwächung neigt. Daraus resultieren eine für die Lendenwirbelsäule ungünstige Beckenstellung – und oft Schmerzen. Im Bereich der Brustwirbelsäule und am Schultergürtel finden wir besonders viele Muskeln, die zur Abschwächung neigen, während die Brustmuskulatur sich verkürzt. Die Folge sind der typische Rundrücken mit „Geierhals", Atembeschwerden, Verspannungen, Kopf- und Rückenschmerzen.

Abschließend bleibt festzustellen, daß im Freizeit-, Breiten- und Gesundheitssport das Muskelaufbautraining und das Training der Kraftausdauer die wichtigste Rolle spielen.

## 2.4 Geschlechtsspezifische Unterschiede

Der Anteil der Muskeln am Gesamtkörpergewicht des Mannes beträgt etwa 40 – 45%, bei der Frau ca. 25 – 35%. Der Hauptunterschied ist bei den Extremitäten zu verzeichnen, beim Rumpf sind nur geringe, nicht signifikante Unterschiede festzustellen. Im Mittel aller Muskelgruppen beträgt die Maximalkraft der Frau etwa 70% der des Mannes. Hierfür ist insbesondere der gewebeaufbauende (anabole) Effekt des männlichen Sexualhormons (Testosteron) verantwortlich. Die prozentuale Zunahme der Kraftfähigkeiten durch Training ist bei Mann und Frau gleich. Dabei spricht die Muskulatur der unteren Extremitäten bei Frauen wesentlich stärker auf ein Krafttraining an als die der oberen. Bei Männern verringert sich (atrophiert) die Oberschenkelmuskulatur altersbedingt oder durch Inaktivität stärker als die Arm- und Schultermuskulatur. Bei Aussagen dieser Art sind natürlich immer individuelle, genetisch bedingte Unterschiede und Ausnahmen zu berücksichtigen.

Inwieweit die geschlechtsspezifische Erziehung im Säuglings- und Kleinkindalter für die Entwicklung der Kraftfähigkeiten eine Rolle spielt, kann aufgrund mangelnder Untersuchungen hier nicht diskutiert werden. Tatsache ist, daß Jungen praktisch immer dazu aufgefordert werden, ihre „Kräfte" zu zeigen und zu entwickeln, was bei Mädchen praktisch vollständig vernachlässigt wird. Aus traditioneller Sichtweise wird Muskelkraft nicht als erstrebenswertes Ziel für Frauen angesehen. In den letzten Jahren wurde allerdings der positive Einfluß eines regelmäßigen allgemeinen Muskeltrainings auf den Mineralhaushalt des Knochens erkannt und dieser knochenstabilisierende Effekt zur Osteoporosevorbeugung und -therapie genutzt.

## 2.5 Krafttraining im Kindes- und Jugendalter

Die geringere Muskelkraft des Kindes im Vergleich zum Jugendlichen und zum Erwachsenen ist auf den geringeren Muskelquerschnitt und damit auf die geringere Muskelmasse zurückzuführen.

Zu einer harmonischen Entwicklung des kindlichen Körpers gehört auch die Entwicklung der körperlichen Fähigkeit Kraft. In den Phasen eines verstärkten Längenwachstums ist ein dem Entwicklungsstand angemessenes Krafttraining von großer Bedeutung, denn gerade in diesen Phasen ist die Gefahr eines muskulären Defizits besonders groß. In der Pubertät werden die Hebelverhältnisse in Relation zum Leistungspotential der Muskulatur immer ungünstiger.

Je nach Statistik weisen 50 – 65% aller 8 – 18jährigen Schüler Haltungsfehler und -schwächen auf, über 30% sind übergewichtig und 20 – 25% haben einen leistungsschwachen Kreislauf. Gründe für diese Zahlen liegen mit Sicherheit in einem veränderten Freizeitverhalten, bestimmt durch Video, Kabelfernsehen und Computerspiele, da besonders in den Städten und Ballungszentren für die körperliche Entwicklung wichtige Bewegungsreize fehlen (Parkplatz statt Spielplatz). In der Schule dominieren sitzende Tätigkeiten und Beanspruchungen geistiger Art. 1 – 3 Stunden Schulsport in der Woche, meist einseitig auf Ballsportarten ausgerichtet, sind zu wenig, um hier einen Ausgleich schaffen zu können.

Eine rechtzeitige und altersgemäße Ausbildung der Muskulatur ist für die spätere Leistungsentwicklung bzw. die Erhaltung der Gesundheit von entscheidender Bedeutung und sollte gerade im Schulsport und in den Vereinen verstärkt durchgeführt werden.

In vielen Sportarten wird immer früher mit dem systematischen leistungssportlich ausgerichteten Training begonnen. Höchstleistungen werden schon im Schüler- und Jugendalter gefordert. Dementsprechend sind die Belastungen des jungen Körpers, und deshalb ist ein adäquates Muskeltraining zur Vermeidung von Verletzungen oder Sportschäden unbedingt erforderlich.

Muskeltraining wird auch heutzutage noch als potentiell gefährlich angesehen, besonders wenn im Schüler- und Jugendbereich mit Hanteln oder Kraftmaschinen gearbeitet wird. Sieht man beispielsweise einen Heranwachsenden mit einer Hantel auf den Schultern Kniebeugen ausführen, denkt man sofort an eine Gefährdung der Wirbelsäule, der Gelenke etc.. Den Abgang eines jugendlichen Turners vom Gerät und die anschließende Landung bringt hingegen kaum jemand mit gesundheitlichen Schäden in Verbindung.

Das Muskeltraining mit Schülern und Jugendlichen sollte sich an deren Skelettentwicklung orientieren. Das Skelett des Jugendlichen enthält mehr Knochenknorpel und ist damit biegsamer und weicher. Knochenbrüche kommen in diesem Alter seltener vor, die Knochen sind jedoch vermindert zug- und druckfest. Mit den Jahren erfolgt eine Verknöcherung, das Gelenkende verknöchert jedoch nicht. Hier findet man im jugendlichen Alter eine Knorpelplatte, die Epiphysenscheibe, von der das Längenwachstum des Knochens ausgeht. Zwischen dem 15. und 17. Lebensjahr beginnt unter dem Einfluß der Keimdrüsen die Verknöcherung der Epiphysenscheibe.

Auch das Sehnen- und Bändergewebe ist bei Heranwachsenden noch nicht ausreichend zugfest, die Epiphysenscheiben sind gegenüber starken Druck- und Scherkräften sehr empfindlich.

Daraus läßt sich schließen: Bei sich in der Entwicklung befindlichen Jugendlichen ist eine übermäßige Belastung der Wirbelsäule und der Knochen zu vermeiden, da sie in Extremfällen zu Wirbelsäulen- und Knochendeformationen, Wachstumsunterbrechungen und verminderter Beweglichkeit führen kann.

Die Muskulatur ermüdet beim Krafttraining sehr schnell, hier sind kaum Schädigungen möglich, diese können fast ausschließlich am Stützapparat auftreten.

Ein zielgerichtetes, richtig dosiertes und korrekt durchgeführtes Muskeltraining kann jedoch auch am passiven Bewegungsapparat folgende positive Veränderungen bewirken:

- Hypertrophie der Knochen, besonders ihrer kompakten Schichten;
- Umbau der Knochenbälkchen (Ausrichtung nach Zug- und Druckrichtung);
- strukturelle Veränderung der Wirbelsäule zur Erhöhung der Stabilität und verbesserte Anpassungsfähigkeit an große Belastung;
- höhere Zugfestigkeit des Bindegewebes.

Durch Untersuchungen konnte belegt werden, daß bei optimal trainierenden Gewichthebern im Alter zwischen 13 und 17 Jahren im Gegensatz zu Nichtsportlern und Sportlern anderer Disziplinen (Turner, Ruderer, Fußballer), keine Verletzungen im Bereich des Gelenkknorpels auftraten und auch keine Erkrankungen der Wirbelsäule (Wirbelgleiten, Scheuermannsche Erkrankung) festgestellt werden konnten. Daraus kann geschlossen werden, daß solche Schäden nicht als Folge sportlichen Krafttrainings betrachtet werden können, sondern eher als ein Mangel an korrekt durchgeführtem Muskeltraining in den anderen Sportarten.

Die Gefahr im Schüler- und Jugendbereich liegt in einer zu frühen Spezialisierung, einer zu einseitigen Belastung der Muskulatur, der daraus resultierenden Unterentwicklung der Hilfsmuskulatur und der Antagonisten, so daß es zu muskulären Dysbalancen kommt. Im Training sollte fast ausschließlich dynamisch gearbeitet werden. Das ist besser für die Bandscheiben und die Gelenkknorpel als statische Belastungen, die zudem die Durchblutungssituation der belasteten Strukturen verschlechtern.

Eine optimal mögliche Entwicklung der Kraft und der Muskulatur ist nur über mehrere Jahre möglich. Erfolgt der Entwicklungsprozeß zu schnell, kommt es zu einem Mißverhältnis zwischen der Belastbarkeit von Muskeln, Sehnen und Bändern, Gelenken und Knochen. Während sich die Muskulatur schneller entwickelt, laufen Anpassungen im Bereich des Sehnen/Bandapparates langsamer und im Bereich der Gelenke und Knochen noch langsamer ab. Ein forciertes Training mit zu schnellen Steigerungen der Belastungen und unzureichenden Erholungszeiten führt in den meisten Fällen, insbesondere im Schüler- und Jugendalter, zu Überlastungsschäden.

Die teilweise vertretene Meinung, daß es durch gezieltes Krafttraining in der Phase des pubertären Wachstumsschubes zu einem vorzeitigen Verschluß der Wachstumsfugen kommt, kann aufgrund der Erfahrungen der letzten 20 Jahre nicht geteilt werden. Die Tatsache, daß viele Gewichtheber kleinwüchsig sind, ruft zwar in der Öffentlichkeit daran noch Zweifel hervor, dies liegt aber nicht am Hanteltraining, sondern an den Erfolgsaussichten im Wettkampf, in dem der kleinere und stämmigere Sportler aufgrund besserer Hebelverhältnisse die biomechanisch besseren Voraussetzungen besitzt.

Eine optimale Muskelentwicklung ist erst mit dem Einsetzen der Pubertät möglich, wenn in der Muskelzelle ein genügend hoher Testosteronspiegel vorhanden ist. Daraus haben wohl viele Trainer abgeleitet, daß Kraft vor der Pubertät nicht lohnend trainierbar sei. Das ist, rein auf eine Muskelhypertrophie bezogen, sicher richtig. Es spielen aber noch folgende Faktoren eine Rolle:

- Der Energiestoffwechsel im Muskel ist nicht reifebedingt, sondern tätigkeitsabhängig und reagiert mit den gleichen Anpassungen wie beim Erwachsenen;
- die intramuskuläre Koordination wird bei Beanspruchung verbessert;
- das Verhältnis von Körpergewicht und Maximalkraft verändert sich durch Muskeltraining bereits vom frühen Schulkindalter an. Es kommt zu einer Vergrößerung der fettfreien Masse und damit zu einer kontinuierlichen Zunahme der relativen Kraft.

Forschungsergebnisse zeigen, daß Kinder, die über drei Jahre in begrenzten Trainingsperioden ein Muskeltraining betrieben haben, in dieser Zeit einen schubhaften Leistungsanstieg aufwiesen und daß sie noch Jahre später, auch ohne weiterzutrainieren ein wesentlich höheres und höher ansteigendes Kraftniveau hatten als die Kinder der nicht trainierenden Kontrollgruppe.

Im Schulkindalter sollte das Muskeltraining sehr komplexe Trainingsformen beinhalten:

- Hindernisturnen mit vielen Kletteraufgaben;
- Zirkeltraining mit Stationen für alle Muskelgruppen, an denen 20-30 sek. belastet bzw. 15 Wdh. durchgeführt werden;
- Hanteltraining bei entlasteter Wirbelsäule, also liegend oder sitzend mit Lehne, keine Überkopfarbeit bei aufgerichtetem Oberkörper.

Während der Pubertät werden die Belastungen systematisch gesteigert; das gesamte Muskeltraining muß die Entwicklungsprozesse vielseitig unterstützen. Durch das ausgeprägte Längenwachstum kommt es zu einer ausgeprägten Disharmonie der Körperproportionen, und die Hebelverhältnisse werden in Relation zum Leistungspotential der Muskulatur immer ungünstiger. Der Wachstumsknorpel erfährt eine Reihe hormonell gesteuerter Veränderungen, die seine Belastbarkeit verringern.

Eine Anmerkung noch zum Thema eigenes Körpergewicht, welches in der Literatur häufig als adäquate Belastung bei Kräftigungsübungen herangezogen wird. Das eigene Körpergewicht kann eine wesentlich größere Belastung darstellen (Barrenstütz, Liegestütz) als eine kleine, fein dosierte Gewichtsauflage per Hantel.

In der Literatur ist immer wieder von der Zielsetzung einer harmonischen Muskelentwicklung die Rede. Der Rückschluß, daß deshalb alle Muskeln gleichmäßig trainiert werden sollen, ist nicht richtig. Es müssen durchaus unterschiedliche Belastungsintensitäten und -umfänge im Trainingsprozeß gewählt werden, um Dysbalancen zu vermeiden. Dies ist im unterschiedlichen Anpassungsverhalten beispielsweise der Beuger und Strecker und der Zusammensetzung von Halte- und Aktionsmuskeln begründet. Diese Problematik besteht nicht nur im Wachstum, sondern auch im Erwachsenenalter.

## 2.6 Gesundheitliche Bedeutung des Krafttrainings

Körperliche Arbeit und muskuläre Beanspruchungen, wie der Umgang mit Lasten und Gewichten, bestimmten lange Zeit den Tagesablauf des Menschen. Eine in wenigen Jahren vollzogene Technisierung und Automation hat uns viele Tätigkeiten erleichtert und vereinfacht. Eine durchaus positive Entwicklung, wenn wir z. B. an Arbeiten in der Industrie denken, die schwere gesundheitliche Schäden hervorgerufen haben. Doch den Menschen der westlichen Industrienationen fehlen mittlerweile selbst grundlegende Bewegungsreize, wenn wir an Auto, Aufzug, Rolltreppe und vieles mehr denken. Die Umwelt und die täglichen Beanspruchungen haben sich stark verändert, der menschliche Körper ist jedoch der gleiche geblieben, er unterliegt denselben biologischen Gesetzmäßigkeiten wie vor hundert oder tausend Jahren. Eines der wichtigsten lautet: „Struktur und Leistungsfähigkeit eines Organs werden bestimmt vom Erbgut, von der Qualität und Quantität seiner Beanspruchung."

Die Folge unseres Lebensstils ist das drastische Ansteigen der Bewegungsmangelerkrankungen. Die erste Reaktion darauf konnte in den frühen Siebzigern beobachtet werden. Ärzte und Krankenkassen forderten und förderten das cardio-pulmonale Training, der Deutsche Sportbund rief die „Trimming 130"-Bewegung ins Leben, Lauftreffs schossen aus dem Boden.

Diese Entwicklung läßt sich leicht nachvollziehen. Die Herzinfarktrate war sprunghaft angestiegen, gerade Personen in höheren Positionen waren hierdurch gefährdet, woraus sich eine starke Lobby für diese Sache ergab. Inhalte und Ziele des Fitneßtrainings wurden in erster Linie durch Analysen der Mortalitätsstatistiken geprägt. Dem Training der Skelettmuskulatur wurde anfangs keine größere Aufmerksamkeit geschenkt bzw. ein gesundheitlicher Nutzen abgesprochen. Die Forschungsschwerpunkte, die auf die präventivmedizinische Bedeutung von Ausdauertraining und Muskeltraining ausgerichtet waren, berücksichtigten nur Parameter, die bei Erkrankungen des Herz-Kreislauf-Systems eine Rolle spielen. Hierbei war das Muskeltraining deutlich unterlegen. Muskeltraining in diesem Sinne bewirkt im allgemeinen keine Vergrößerung der Leistungsfähigkeit des Herz-Kreislauf-Systems (was Untersuchungen an Weltklasseturnern ergeben haben). Es erhebt aber auch keinen Anspruch darauf, obwohl ein Muskeltraining mit submaximalen Intensitäten, hohen Belastungsumfängen, sehr kurzen Pausen, die zu Dehnübungen genutzt werden, bzw. einer Übungsfolge, die Pausen überflüssig macht (Agonist-Antagonist werden nacheinander trainiert), zu einem leichten Anstieg der aeroben Kapazität führen kann.

Die besondere gesundheitliche Bedeutung des Muskeltrainings liegt auf orthopädischer Ebene. Der Mensch verliert zwischen dem 20. und 70. Lebensjahr fast die Hälfte seiner Skelettmuskelmasse, falls er dem nicht durch entsprechendes Training entgegenwirkt. Durch diesen Verlust entsteht eine starke Beeinträchtigung der Leistungsfähigkeit des Stütz- und Bewegungsapparates.

So sind Rückenschmerzen zur Volkskrankheit Nummer eins geworden. Groben Schätzungen zufolge leiden etwa 70% der deutschen Bevölkerung an Rückenschmerzen. Ein richtig durchgeführtes Muskeltraining kann aus orthopädischer und internistischer Betrachtungsweise sowohl präventiv als auch rehabilitativ empfohlen werden. Das gilt auch für Heranwachsende und besonders für ältere Personen. Zur Verdeutlichung: Die Funktion erhält die Form und nicht umgekehrt. Das bedeutet, daß selbst optimal entwickelte morphologische Strukturen nur bei entsprechender Übung erhalten bleiben (bzw. sich entwickeln). Durch Inaktivität gehen sie verloren. Rechtzeitiges und altersgemäßes Muskeltraining, korrekt und regelmäßig betrieben, dem eigenen Trainingszustand angepaßt, kräftigt den Stütz- und Bewegungsapparat und schützt gerade die Wirbelsäule durch eine entsprechende Muskulatur.

# 3 Arbeitsweisen der Skelettmuskulatur

## 3.1 Statische (isometrische) Arbeitsweise

Bei der statischen Arbeitsweise tritt keine Längen- oder Gelenkwinkeländerung auf und somit auch keine mechanische Arbeit. Die statische Arbeitsweise dient der Fixierung und zum Spannungsaufbau gegen einen unüberwindlichen Widerstand. **Beispiel:** Der Triceps beim Stütz am Barren, aber auch Teile der Rücken- und Schultermuskulatur beim Arbeiten am Computer oder an der Schreibmaschine.

Vorteile des isometrischen Trainings sind seine gezielte Anwendbarkeit auch auf kleine Muskelgruppen und bei kurzen Trainingszeiten ist der Kraftzuwachs gegenüber vergleichbarer dynamischer Trainingsbelastung relativ hoch. Es ist zu rehabilitativen Zwecken einsetzbar, wenn ein Gelenk ruhiggestellt ist und nicht bewegt werden darf.

Der Hauptnachteil ist die fehlende Koordinationsschulung, weil nur in einer Gelenkwinkelstellung ohne den funktionalen Bezug trainiert wird. Außerdem verschlechtert die punktuelle Belastung isometrischer Anspannung die Versorgungssituation im Knorpel. Bei der Durchführung von isometrischen Übungen tendieren viele zur Preßatmung, das heißt, der Atem wird bei der Anstrengung angehalten und mit Hilfe der angespannten Bauchmuskulatur nach oben gegen die verschlossene Luftröhre (Stimmritze) gepreßt. Dieser Fehler bei der Übungsausführung ist leicht am sich immer stärker rötenden Kopf zu erkennen. Gerade bei älteren oder vorgeschädigten Personen ist auf diese Tendenz zur Preßatmung und den daraus resultierenden Blutdruckanstieg besonders zu achten. Gegebenenfalls sind Korrekturen unerläßlich.

## 3.2 Dynamisch-konzentrische (überwindende, positive) Arbeitsweise

Bei der dynamisch-konzentrischen Arbeitsweise nimmt die Muskellänge bei gleichzeitiger Spannungszunahme ab. Sie dient der Beschleunigung bzw. dem aktiven Bewegen einer Last. (Beispiele: Gewichtheben, Kugelstoßen)

Die Vorteile liegen im Koordinationsgewinn, dem Einschleifen eines Bewegungsablaufes sowohl bei alltäglichen als auch bei sportartspezifischen Bewegungen und in der Verbesserung der lokalen Muskelausdauer. Für den Gelenkknorpel ist der Wechsel zwischen Be- und Entlastung wesentlich günstiger.

Die Nachteile liegen in der Gefahr einer möglichen Schädigung im Gelenk- und Sehnenbereich durch falsch ausgewählte oder falsch ausgeführte Übungen. Dieses auszuschließen ist eines der Hauptanliegen dieses Buches.

Eine Variante der dynamisch-konzentrischen Arbeitsweise ist das isokinetische Training. Als Vorteile schlagen hier kurze Trainingszeiten mit hohem Kraftzuwachs und äußerst geringe (minimierte) Verletzungsgefahr zu Buche. Nachteilig ist die Abhängigkeit von Apparaturen, denn isokinetisch kann nur an sehr teuren Geräten trainiert werden. Diese Geräte arbeiten nach folgendem Prinzip: Erhöht der Übende die Bewegungsgeschwindigkeit, erhöht sich der Widerstand und verringert er diese, verkleinert sich auch der Widerstand.

## 3.3 Dynamisch-exzentrische (nachgebende, abbremsende, negative) Arbeitsweise

Bei der dynamisch-negativen Arbeitsweise erfolgt eine passive Dehnung des Muskels bei maximaler Spannung. Auf den konzentrisch kontrahierten Muskel wirkt eine Last, die größer ist, als die Kraft, die der Muskel entwickeln kann.
**Beispiel:** langsames Ablassen einer überschweren Hantel beim Bankdrücken.

Zur Verdeutlichung: Bei dieser Trainingsform wird grundsätzlich ein Gewicht verwendet, das Ihre konzentrische Maximalkraft um bis zu 40% übersteigt. Die Vorteile liegen in den kurzen Trainingszeiten und dem sehr hohen Kraftzuwachs. Der Nachteil in der hohen Verletzungsanfälligkeit durch die oben genannten extremen Beanspruchungen, die neben der Muskulatur auch die Sehnen, Bänder und Gelenke betreffen. Außerdem werden bei dieser Trainingsform aus Durchführungs- und Sicherheitsgründen praktisch immer Helfer benötigt. Dynamisch-exzentrisches Training spielt im Bereich des Freizeit-, Breiten- und Gesundheitssports keine Rolle.

## 3.4 Dynamisch-reaktive Arbeitsweise

Durch Vorspannung des Muskels in der exzentrischen Phase entsteht eine höhere Kraftentwicklung in der anschließenden konzentrischen Phase. In Sportarten, die ein hohes Maß an Explosivität und Sprungkraft erfordern (Volleyball, Basketball, Hochsprung), spielen Trainingsformen wie bspw. Aufsprung nach Tiefsprung eine große Rolle. Sie sollten jedoch aufgrund der hohen Beanspruchungen dem Leistungssport vorbehalten bleiben.

# 4 Anatomische Grundlagen

## 4.1 Muskelgewebearten

Man unterscheidet im Körper drei Muskelgewebearten und zwar die **glatte Muskulatur**, die in inneren Organen wie beispielsweise im Magen-Darm-Trakt vorkommt. Die glatte Muskulatur kontrahiert nur langsam, ist aber sehr ausdauernd und wird durch das vegetative Nervensystem gelenkt, das wir so gut wie nicht beeinflussen können.

Ferner die **quergestreifte Herzmuskulatur**, deren Tätigkeit ebenfalls nicht unserem Willen unterworfen ist, sondern die aus sich selbst heraus durch den Sinus-Knoten rhythmisch kontrahiert. Der Herzmuskel ist aber selbstverständlich trainierbar. Auf das Sportlerherz und seine Vorteile wird an anderer Stelle genau eingegangen.

Für das Krafttraining ist die **quergestreifte Skelettmuskulatur** am bedeutsamsten. Sie wird vom zentralen Nervensystem gesteuert und ist zu raschen, willentlich ausgeführten Kontraktionen in der Lage. Skelettmuskeln haben einen Ursprung, einen Bauch und einen Ansatz. Der Ursprung hat die stabilere Verbindung mit dem Knochen und liegt näher zum Rumpf. Der Ansatz ist beweglicher und weiter vom Rumpf entfernt. Ursprung und Ansatz gehen in eine Sehne über, mit der sie mit dem Knochen verbunden sind und durch die die Muskelkraft auf das Skelett übertragen wird.

Viele Muskeln haben einen gemeinsamen Ansatz, aber zwei, drei oder vier Köpfe, wenn wir an den zweiköpfigen Armbeuger (m. biceps brachii), den dreiköpfigen Armstrecker (m. triceps brachii) oder den vierköpfigen Beinstrecker (m. quadriceps femoris) denken.

## 4.2 Muskelfaserarten

Muskelfasern werden zum einen bestimmt durch die Erbanlage und zum anderen durch die hauptsächliche Beanspruchung.

**Langsame Muskelfasern** findet man hauptsächlich in Muskeln mit überwiegend stützmotorischer Funktion, wie die der Rumpfmuskulatur, weil andauernde Erregungen mit geringer Frequenz zu langsamen, länger andauernden Kontraktionen führen. Der Name rote Muskelfaser hängt mit ihrem hohen Myoglobingehalt zusammen. Myoglobin ist eine sauerstoffbindende Substanz, mit deren Hilfe der Sauerstoff dem Blut entnommen wird. Die langsamen Fasern sind schmaler, werden aber durch die vielen Kapillaren gut mit Blut versorgt. (aerobe Energiebereitstellung = mit Sauerstoff)

Im allgemeinen haben gut trainierte Ausdauersportler (z.B. Langstreckenläufer) einen höheren Anteil an diesem Fasertyp. Neben der Bezeichnung rote Muskelfaser findet man in der Literatur noch Typ I oder ST- (aus dem englischen slow twitch = langsam zuckend) Faser.

**Schnelle Muskelfasern** überwiegen in Aktionsmuskeln, die hauptsächlich zielmotorische Funktionen haben, wie beispielsweise der Armstrecker (m. triceps brachii). Ihr Myoglobingehalt ist gering, deshalb erscheinen sie hell unter dem Mikroskop und werden weiße Muskelfasern genannt. Diese Fasern sind dicker und zu größerer Kraftentwicklung fähig. Ihre Energieversorgung erfolgt anaerob (ohne Sauerstoff) über die Glykolyse (Abbau von Glukose im Zellinneren). Neben der Bezeichnung weiße Muskelfaser wird noch der Name Typ II oder (aus dem englischen fast twitch = schnell zuckend) FT-Faser benutzt.

Erwähnen muß man in diesem Zusammenhang, daß man die weißen Muskelfasern in Typ IIa- und Typ IIb-Fasern unterteilen kann, wobei die IIa-Fasern für Kraftbelastungen längerer Dauer und IIb-Fasern für ganz kurze Kraftbelastungen zuständig sind. Bei einer zu bewältigenden Arbeit werden zuerst Typ I-Fasern rekrutiert. Sollte das nicht ausreichen, kommen als nächstes die Typ IIa-Fasern zu Hilfe und zuletzt die Typ IIb-Fasern.

Bei entsprechend hohen Belastungsformen im Krafttraining zwischen einer halben und zwei Minuten, ist die Fähigkeit des Muskels, Laktat zu tolerieren, sein leistungsbegrenzender Faktor.

Diese Laktatanhäufung bedeutet eine Übersäuerung, welche das zelluläre Millieu so stört, daß die normalen Stoffwechselprozesse nicht mehr ablaufen können und die Tätigkeit abgebrochen werden muß.

## 4.3 Zum unterschiedlichen Anpassungsverhalten tonischer und phasischer Muskeln

In der gängigen Literatur wird vorwiegend folgendes Modell benutzt, das allerdings etwas modifiziert werden muß:

Tonische Muskeln enthalten hauptsächlich rote Muskelfasern, neigen im allgemeinen zur Verkürzung und haben in erster Linie Haltefunktion. In der phasischen Muskulatur überwiegen weiße Muskelfasern, sie hat eine starke Tendenz zur Abschwächung und ist auf Bewegung programmiert (Aktionsmuskeln). Daraus wurde gefolgert, daß die tonische Muskulatur gedehnt und die phasische auftrainiert werden muß. Grundsätzlich sind wir der Meinung, daß jeder Muskel trainiert und gedehnt werden sollte. Darüber hinaus passen viele Muskeln nicht in das bestehende Schema. So tendiert bspw. die Muskulatur im oberen Rücken- bzw. hinteren Schulterbereich, die unbestritten Haltefunktion hat, also tonisch ist, von wenigen individuellen Unterschieden abgesehen, zur Abschwächung und nicht zur Verkürzung.

Auch der Rückschluß, daß z.B. die Bauchmuskulatur, da sie zur Abschwächung neigt, auftrainiert werden muß und daß die Rückenstrecker im Bereich der Lendenwirbelsäule, da zur Verkürzung tendierend, nur gedehnt werden sollen, führt nach unseren Erfahrungen zu keinen Erfolgen bei Rückenschmerzen.

Unterschiede im Anpassungsverhalten sind bei der Übungsauswahl und dem Erstellen eines Trainingsplanes natürlich zu berücksichtigen.

So neigen Beugemuskeln häufig zur Verkürzung und Strecker zur Abschwächung. Dies bedeutet, daß die Streckmuskulatur häufiger trainiert werden sollte als die Beugemuskeln.

In einer anderen Untersuchung wird allerdings davor gewarnt, gerade im Fußball oder Sprintbereich, zu große Aufmerksamkeit auf das Training der Strecker zu richten, da viele Verletzungen der Beinrückseite zu beobachten seien, was von einer Dysbalance zugunsten der Strecker komme.

Besonders im Bereich der Rumpfmuskulatur muß dieses unterschiedliche Anpassungsverhalten einiger ausgesuchter Muskeln, die bezüglich der Körperhaltung eine entscheidende Rolle spielen, näher betrachtet werden.

Zur phasischen Muskulatur, die stark zur Abschwächung (Atrophie) neigt, zählen u.a. folgende Muskeln:

- Rückenstrecker im mittleren Brustwirbelbereich (m. longissimus thoracis);
- Rautenmuskeln (Mm. rhomboideii);
- der aufsteigende Teil des Kapuzenmuskels (m. trapezius pars ascendens);
- der mittlere Teil des Kapuzenmuskels (m. trapezius pars transversa);
- der gerade Bauchmuskel (m. rectus abdominis);
- der schräge Bauchmuskel (m. obliquus externus u. internus);
- die Gesäßmuskulatur (m. gluteus maximus u. medius);
- der äußere Anteil des Beinstreckers (m. vastus lateralis);
- der innere Anteil des Beinstreckers (m. vastus medialis);
- der Sägemuskel (m. serratus anterior).

Zur tonischen Muskulatur, die nur langsam ermüdet, aber stark zur Verkürzung neigt, zählen u.a.:

- die Brustmuskulatur (m. pectoralis major);
- der absteigende Teil des Kapuzenmuskels (m. trapezius pars descendens);
- die Schulterblattheber (m. levator scapulae);
- die Rückenstrecker im Lendenwirbelbereich (m. erector spinae);
- die ischiocrurale Gruppe (m. ischiocrurales);
- die Hüftbeuger (m. iliopsoas);
- die kurzen Oberschenkelanzieher (m. adductor brevis);
- die geraden Beinstrecker (m. rectus femoris);

Das muskuläre Ungleichgewicht kann häufig Beschwerden auslösen. Am meisten betroffen sind die Lenden- und Brustwirbelsäule.

# 5 Haltungsschulung

In der aufrechten Haltung wird die Wirbelsäule axial belastet, und es herrschen gleichmäßige Druckverhältnisse. Bei gebeugter Haltung entsteht eine Biegespannung, was die Belastbarkeit stark herabsetzt. Als Beispiel soll uns ein Bleistift dienen, der durch Stauchen axial nicht zu zerstören ist, wohl aber, wenn er unter Biegespannung steht. Außerdem engt die krumme Körperhaltung den Brust- und Bauchraum ein, mit Funktionsbeeinträchtigungen für die inneren Organe und Verkürzung der vorderen Rumpfmuskulatur.

Für eine aufrechte Körperhaltung muß das Becken nach vorne gekippt, der Brustkorb angehoben und die Halswirbelsäule gestreckt werden. In Schulen, Bussen, Autos, überall sitzen wir auf Stühlen oder Sesseln, die eine aufrechte Körperhaltung behindern. Die Sitzflächen sollten leicht nach vorne geneigt sein, um die Beckenkippung zu vereinfachen, und eine leicht nach hinten gebogene Rückenlehne zur Unterstützung der Lordose haben, wodurch der Brustkorb angehoben wird. Die Halswirbelsäule wird gestreckt, das Kinn Richtung Hals zurückgenommen. Die Beine bilden von oben über Knie und Füße gesehen einen 90 Grad Winkel.

Das Sitzen auf den sogenannten Balancestühlen, bei denen die Knie vorne eine Auflage haben, hilft zwar, den Rücken gerade zu halten, führt aber langfristig gesehen zu einer Verkürzung der Adduktoren und der ischiocruralen Gruppe und ist deshalb nicht übermäßig zu empfehlen. In den Rückenschulen wird den Teilnehmern unter anderem das Sitzen auf großen Gymnastikbällen beigebracht. Diese Bälle haben den großen Vorteil, daß sie zum aktiven Sitzen anregen. Man beginnt unwillkürlich darauf zu wippen, zu schaukeln, hin und her zu rutschen, einfach sich zu bewegen. Dadurch werden Bewegungsimpulse auf die Rückenmuskulatur übertragen, was sich auf diese positiv auswirkt. Der Ball muß so stark aufgepumpt werden, daß beim Sitzenden das Gesäß höher ist als die Knie und somit die Beckenkippung nach vorne leichter fällt. Für die Schulterblattspannung, die aufrechte Haltung müssen Sie allerdings selbst sorgen, die nimmt Ihnen der Ball nicht ab.

Im Stehen muß das Körpergewicht gleichmäßig auf beide Füße verteilt sein, die Füße zeigen leicht nach außen. Der Brustkorb wird aufgerichtet und das Becken leicht gekippt.

Beim Bücken und Heben wird meistens versäumt, in die Knie zu gehen. Gebeugte Knie sind die Grundvoraussetzung, um den Rücken beim Bücken in sich gerade halten zu können. Die Füße zeigen nach außen und sind mehr als hüftbreit gespreizt. Das Becken wird nach vorne gekippt, der Brustkorb aufgerichtet, Schultern leicht zurückgenommen. Das Gesäß muß beim Bücken relativ weit oben gehalten werden.

Wenn diese Position beim Anheben eines Gegenstands gehalten werden kann, entstehen keine Fehlbelastungen der Zwischenwirbelscheiben. Bei den meisten Menschen der westlichen Industrieländer sind jedoch die Adduktoren und die ischiocrurale Muskulatur so verkürzt, daß sie sich in dieser Form höchstens nach einem Hocker o.ä. bücken können. Beim Aufheben von Gegenständen, die am Boden liegen, müssen diese Personen in Schrittstellung mit einem Knie auf den Boden, um den Rücken in sich gerade halten zu können. Beim Bücken und Heben von Gegenständen ist noch darauf zu achten, daß man nicht außerhalb des Rumpfsektors arbeitet. Der Rumpfsektor wird begrenzt von der 90 Grad-Stellung der Knie.

# 6 Atmung

Für ein gesundes, erfolgreiches Training ist es unerläßlich, daß man sich die korrekte Atemtechnik angewöhnt. Dazu folgende Faustregel, die für fast alle Fälle gilt:

Man sollte bei der Belastung, also bei der Anstrengung, ausatmen. Anders ausgedrückt: bei der Überwindung des Widerstandes. Nehmen wir an, Sie trainieren Ihre Oberkörpermuskulatur mit der Übung Liegestützbeugen. Beim Absenken des Oberkörpers atmen Sie demnach ein und beim Hochdrücken aus.

Der häufigste Fehler, der hinsichtlich der Atmung beim Trainieren gemacht wird, ist die sogenannte Preßatmung. Dieser, auch als Preßdruck bezeichnete Reflex hat den Sinn, durch eine Erhöhung des Druckes im Brust- und Bauchraum die Wirbelsäule und den Brustkorb zu stabilisieren und damit der Muskulatur feste Ansätze zu gewähren sowie die Zwischenwirbelscheiben zu entlasten. Im Hochleistungssport (z.B. Gewichtheben) ist dieser Reflex notwendig, denn eine maximale Anspannung ist ohne Preßdruck praktisch nicht möglich. Völlig unnötig ist Preßatmung jedoch im Bereich des Freizeit- und Gesundheitssportes, da hier nicht mit maximalen Widerständen gearbeitet wird (werden sollte). Der Übende hält den Atem an, verkrampft, bekommt einen hochroten Kopf und stark gestaute Hals- und Stirnvenen. Es kann zu Blutdruckspitzen von 300/200 mmHg und darüber kommen. Eine solche Druckspitze kann beispielsweise ein vorgeschädigtes Hirngefäß zum Reißen bringen.

Für viele ist die korrekte Form der Atmung schwer zu erlernen, und sie machen es, falls sie nicht ständig korrigiert werden, unwillkürlich immer wieder falsch. Man muß mit dem Übenden mitsprechen oder ihn in der konzentrischen Phase pfeifen lassen, bis er in den richtigen Rhythmus gekommen ist und das Ganze mit der Zeit automatisiert.

# 7 Die weiteren motorischen Grundeigenschaften

## 7.1 Beweglichkeit (Flexibilität)

Unter Flexibilität wird das willkürliche Bewegungsausmaß in einem oder mehreren Gelenken verstanden. Das Maximum wird in der Regel mit 11 – 14 Jahren erreicht. Dann nimmt sie insbesondere beim Mann ab. Eine nennenswerte Herabsetzung der Flexibilität beginnt beim Gesunden mit dem 45. – 55. Lebensjahr. Ursachen sind Elastizitätsverluste des Bindegewebes sowie die Zunahme degenerativer Gelenkveränderungen. Gelenksteifheit und damit Flexibilitätsverlust kann die Lebensqualität durch die Beeinträchtigung von Funktionen des Alltagslebens erheblich reduzieren. Schwierigkeiten treten im Alter gerade bei einfachen Aufgaben wie Schuhebinden, Pulloverausziehen und Kämmen auf.

Regelmäßig (am besten täglich) betriebenes, früh begonnenes Flexibilitätstraining, die wichtigsten Gelenke berücksichtigend, erhält in vielen Fällen die Beweglichkeit und teilweise kann sie sogar zurückgewonnen werden. Genauere Erläuterungen und die wichtigsten Dehnübungen finden Sie im Kapitel 9 „Trainingsvorbereitende Maßnahmen".

## 7.2 Koordination

Unter Koordination versteht man das Zusammenwirken von zentralem Nervensystem und Skelettmuskulatur innerhalb eines gezielten Bewegungsablaufes. Die Koordination verbessert sich je nach Übungsstand bis zum 15. oder 20. Lebensjahr. Ohne spezifische Übung nimmt sie durchweg jenseits des 35. – 40. Lebensjahres ab. Bei Frauen ist eine geringere Abnahme der Feingeschicklichkeit zu verzeichnen als bei Männern. Durch entsprechende Bewegungsübungen kann dem altersbedingten Verlust an Grob- und Feinkoordination entgegengewirkt werden, was anhand von Pianisten, die bis ins hohe Alter ein großes Maß an Feinkoordination der Finger aufbringen, belegt wird.

Für die Prävention im Herz-Kreislauf-Bereich spielt die Verbesserung der Koordination nur eine untergeordnete Rolle. Anders sieht es in der Rehabilitation aus. Durch eine gute Koordination läßt sich der Sauerstoffbedarf für eine gegebene physikalische Leistung (z.B. Treppensteigen) um bis zu 20% verringern. Das bedeutet eine Entlastung der Herzarbeit.

Durch Übung, also durch Verbesserung der Koordination, können Bewegungen selbstverständlich ökonomischer ausgeführt werden. Zum einen verringert sich der Energie- und Sauerstoffverbrauch, und zum anderen ist die Verletzungsgefahr kleiner. So sind z.B. 70% aller Altersunfälle auf Muskelschwund und verschlechterte Koordination zurückzuführen.

Bei Heranwachsenden liegt die koordinative Reife vor der sexuellen Reife. Je komplizierter ein sportlicher Bewegungsablauf ist, desto mehr Wert sollte auf eine frühzeitig einsetzende Koordinationsschulung gelegt werden. In der Pubertät ist die koordinative Fähigkeit durch das verstärkte Längenwachstum beeinträchtigt, was jedoch davor gelernt wurde, geht nicht verloren.

Bezugnehmend auf unsere Hauptthematik sei gesagt: Krafttraining ist auch motorisches Lernen und dient – zwar nicht vornehmlich – zugleich der Koordinationsentwicklung.

## 7.3 Schnelligkeit

Bei der Schnelligkeit unterscheidet man die **Grundschnelligkeit**, unter der die maximal erreichbare Geschwindigkeit innerhalb eines zyklischen Bewegungsablaufes verstanden wird, und die **Schnelligkeitsausdauer** als die Zeitspanne, während der eine fast maximale Bewegungsgeschwindigkeit aufrecht erhalten werden kann (Stehvermögen). Die Schnelligkeit ist eine komplexe Fähigkeit, die von konditionellen und koordinativen Einflußgrößen bestimmt wird.

Die koordinative Einflußgröße ist die **Reaktionsschnelligkeit**, die bestimmt wird von der Geschwindigkeit und Verarbeitung der Informationsaufnahme und der daraus folgenden Umsetzung in entsprechende Nerv-Muskel-Befehle. Ermüdung verlangsamt die Reaktionsschnelligkeit. Die konditionelle Einflußgröße ist die Aktionsschnelligkeit, die u.a. bestimmt wird durch den Querschnitt, die Zusammensetzung, Elastizität und Dehnbarkeit des Muskels.

Diese Einflußgrößen müssen zur Verbesserung der Schnelligkeit trainiert werden, wobei der Zeitabschnitt bis zum Abschluß der biologischen Reifung dafür am günstigsten ist.

Aufgrund der hohen Laktatanstiege bei Beanspruchungen auf der allgemeinen anaeroben Ausdauer (Sprintserien) soll im Kindertraining noch kein Wettkampfniveau erreicht werden. Die Fähigkeit zur Laktatelimination ist bei Kindern noch nicht entwickelt. Neuromuskuläre Steuerungsprogramme bilden sich allerdings tätigkeitsbedingt aus, deshalb kann und soll im Bereich der Reaktionsschnelligkeit viel geübt werden. Variationen bei der Signalsetzung (optisch, akustisch, taktil) im Training verbessern die Reizleitungsgeschwindigkeit.

Dem Training der Schnelligkeit kommt zwar eine große sportartspezifische Bedeutung zu, die gesundheitliche Bedeutung ist allerdings sehr gering. So können beim Training der Grundschnelligkeit wegen der Kürze der Belastungsdauer keine Entwicklungsreize zur Vergrößerung der Kapazität des kardio-pulmonalen Systems gesetzt werden.

Für den älteren oder organisch vorgeschädigten Menschen stellt der Sprint sogar einen Übungsexzeß dar, der ihm mehr schaden als nützen kann. Antritte, die in Schnelligkeitsdisziplinen eine große Rolle spielen, sind für den älteren Menschen, wenn die Elastizität von Bändern, Sehnen und Muskeln nachläßt, wegen der Verletzungsgefahr ungeeignet.

Bei den Schnelligkeitsformen, sowohl der Schnelligkeitsausdauer wie auch der Grundschnelligkeit, ist die fast ausschließliche anaerobe Energiebereitstellung gemeinsam. Dies bedeutet wegen der Belastungsintensität hohe Schlagfrequenzen, eine starke Übersäuerung (Laktatanstieg) und Anstieg des Spiegels der Streßhormone Adrenalin und Noradrenalin.

Gesundheitliche Gefährdungen bestehen dennoch für den gesunden Menschen bis 30 unter Normalbedingungen nicht. Die Skelettmuskulatur ermüdet vor dem Herzmuskel und bewahrt diesen so vor Schäden. Anders verhält es sich beim älteren oder vorgeschädigten Menschen. Hier ist stets mit dem Vorliegen degenerativer Gefäßveränderungen zu rechnen. Deshalb können derartige Belastungen z. B. des Herzens, zu einem Mißverhältnis zwischen Sauerstoffangebot und Sauerstoffbedarf führen, wodurch die Gefahr eines Herzinfarkts entsteht.

## 7.4 Ausdauer

Unter Ausdauer verstehen wir die Fähigkeit, eine gegebene Leistung über einen bestimmten, möglichst langen Zeitraum durchzuhalten.

Unter den vielen verschiedenen Ausdauerformen ist die **allgemeine aerob-dynamische Ausdauer** die wichtigste. Man unterscheidet die **allgemeine aerobe Kurzzeitausdauer** mit einer Belastungsdauer von etwa 3 – 10 min., die allg. aerobe Mittelzeitausdauer mit einer Belastungsdauer von etwa 10 -30 min. und die **allgemeine aerobe Langzeitausdauer** mit einer Belastungsdauer von mehr als 30 min..

Wir möchten hier nicht weiter differenzieren, entscheidend für den Leser sind die folgenden Fragestellungen: Was bringt mir ein Training der Ausdauer? Wie muß dieses Training beschaffen sein, damit ich meine Gesundheit und meine Leistungsfähigkeit erhalten oder steigern kann?

Für die Entstehung einer Atherosklerose (Ablagerungen an der Gefäßinnenwand der Arterien) und damit der Gefahr eines Herzinfarktes, werden folgende Risikofaktoren verantwortlich gemacht, die sich in interne und externe unterscheiden lassen:

**Interne Risikofaktoren**
- zu hoher Cholesterinspiegel im Blut (Hypercholesterinämie);
- zu hoher Blutdruck (Hypertonie);
- erhöhter Zuckergehalt im Blut (Hyperglykämie);
- erhöhte Harnsäurekonzentration im Blut (Hyperurikämie);
- Fettsucht (Adipositas).

**Externe Risikofaktoren**
- Zigarettenrauchen;
- unphysiologische Ernährung;
- Streß;
- Bewegungsmangel.

**Positive Effekte eines Ausdauertrainings:**

Alle diese Faktoren können – mit Ausnahme des Rauchens bzw. Essens – durch ein regelmäßiges Ausdauertraining nachweislich folgendermaßen beeinflußt bzw. abgeschwächt werden:

- Senkung der Pulsfrequenz in Ruhe und auf submaximalen Belastungsstufen sowie zu einer Verlängerung der Diastole und damit zu einer verbesserten Durchblutung des Herzens. Beides zusammen bedeutet eine Ökonomisierung der Herzarbeit und ein besseres Verhältnis zwischen Sauerstoffbedarf und Sauerstoffverbrauch im Herz;
- Blutdrucksenkung durch Salz- und Gewichtsverlust bzw. durch Verminderung der Ausschüttung von Streßhormonen (Katecholamine);
- Senkung des Cholesterinspiegels bzw. Verbesserung des Verhältnisses zwischen schädlichem LDL und nützlichem HDL zugunsten des HDL. LDL (low density lipoprotein) ist hauptverantwortlich für die Entstehung der Atherosklerose;
- Fettverbrennung (Erhöhung des Anteils an aktiver Körpermasse);
- bei Diabetikern kann ein Ausdauertraining den Blutzuckerspiegel im unteren Normbereich einregulieren;
- der Kalorienverbrauch durch ein Ausdauertraining wird allgemein unterschätzt. Bei einem Langlauf von 30 – 40 min. werden bei einer Laufgeschwindigkeit von 6 min./km etwa 300 – 400 kal. verbraucht; außerdem ist der Grundumsatz noch Stunden nach dem Training erhöht.

Wie muß nun ein Training beschaffen sein, daß diese gesundheitlich positiven Effekte eintreten?

1. Die Trainingsform muß so beschaffen sein, daß mindestens ein Sechstel der Skelettmuskulatur bei der Bewegung eingesetzt wird. Ein Sechstel ist eine Minimalforderung. Allgemein kann man sagen, je größer die eingesetzte Muskelmasse, um so größer ist der Effekt.
2. Die Belastungsdauer darf 10 min. nicht unterschreiten, um für das Herz/Kreislauf-System trainingswirksam zu werden. Um die angesprochenen Effekte auf die Risikofaktoren zu erzielen und zur verstärkten Fettsäuremobilisation sollten es 30-40 min. sein.

3. Die Belastungsintensität ist abhängig vom Alter, Trainings- und Gesundheitszustand. Eine Faustformel ist die Angabe: 180 – Lebensalter = Trainingspuls. Noch allgemeiner ist die Empfehlung „Trimming 130", die besagt, daß die Herzfrequenz während des Trainings bei 130 Schlägen pro Minute liegen sollte. Man kann auch prozentuale Angaben machen: Das Minimum beträgt 50%, das Optimum 75% der maximal erreichbaren Herzfrequenz. Der Hintergrund dieser Empfehlungen oder Faustformeln ist die Erkenntnis, daß durchschnittlich leistungsfähige Personen dynamische Arbeiten wie Laufen oder Radfahren bis zu einer Pulsfrequenz von ca. 130 Schlägen pro Minute rein aerob bewältigen können, das heißt, der Trainierende geht keine Sauerstoffschuld ein. Man spricht auch vom „steady state", der Sauerstoffverbrauch entspricht der Sauerstoffaufnahme. Bei einer Steigerung der Belastungsintensität kommt es zu einer vergrößerten Laktatproduktion als Ausdruck eines zunehmenden anaeroben Stoffwechselgeschehens. In der Praxis besser umzusetzen, weil kein Messen oder Rechnen erforderlich ist, ist die Empfehlung: Laufen, ohne zu schnaufen. Man soll also nur so schnell laufen, daß man sich mit seinem Trainingspartner noch unterhalten kann. Viele Breitensportler neigen dazu, sich zu überschätzen und zu überfordern, laufen viel zu schnell mit viel zu hohen Pulsfrequenzen und gefährden sich gesundheitlich. Herzfrequenzmeßgeräte, bspw. der Pacer von der Firma Polar, bei denen sich Ober- und Untergrenzen für die Herzfrequenz einstellen lassen, können hier eine wertvolle Hilfe zur Trainingssteuerung darstellen.
   Beim Leistungssportler verlieren Formeln wie 180 – Lebensalter mit zunehmendem Trainingszustand ihre Bedeutung. Beim Ausdauertrainierten liegt die Herzfrequenz, bei der die aerob-anaerobe Schwelle erreicht wird (ab der er eine Sauerstoffschuld eingeht), um 10-20% höher als beim Untrainierten.
4. Das Optimum der Belastungshäufigkeit liegt bei vier Trainingseinheiten mit 30 – 40 min. pro Woche. Stehen nur 10 min. zur Verfügung, sollte täglich trainiert werden.

## 7.5 Welche Sportarten eignen sich für ein optimales Ausdauertraining?

Empfehlenswert sind solche Sportarten, die mit geringen Schädigungsmöglichkeiten für den Körper zu einem Maximum an gesundheitlich positiven Trainingseffekten für das Herz-Kreislauf-System führen.

**Laufen**, in Form des Dauerlaufs auf der Ebene, ist hervorragend geeignet, die aufgestellten Forderungen zu erfüllen. Beim Dauerlauf ist in Relation zur Sauerstoffaufnahme die geringste Laktatbildung zu sehen. Es kommt im Verhältnis zur Sauerstoffaufnahme nur zu geringfügigen Blutdruckanstiegen. Beim Laufen sind keinerlei komplizierte technische Voraussetzungen erforderlich, es entstehen bis auf die adäquaten Laufschuhe keine Kosten, es ist weder orts- noch zeitgebunden. Probleme gibt es nur bei stark übergewichtigen oder gelenkgeschädigten Personen.

**Fahrradfahren** stellt eine gute Alternative zum Laufen dar, besonders wenn Übergewicht oder degenerative Gelenkerkrankungen (Arthrosen) vorliegen. Auch hier sind in Relation zur Sauerstoffaufnahme die Druckanstiege und die Laktatproduktion als gering zu bezeichnen. Der lokale Krafteinsatz ist allerdings größer als beim Laufen, bei untrainierter Oberschenkelmuskulatur ist diese oft leistungslimitierend, und es werden keine trainingswirksamen Herzfrequenzen erreicht. Durch die größere lokale Muskelanspannung im Oberschenkel beim Treten der Pedale ist beim Radfahren der Blutdruckanstieg etwas höher als beim Laufen.

**Schwimmen** beansprucht die Muskulatur vielseitig und kann auch von Übergewichtigen und vorgeschädigten Personen betrieben werden. Schwimmen verkommt allerdings leicht zum Baden und vom Ausdauertraining her betrachtet, ist von den meisten nur das Brustschwimmen durchzuführen. Dies ist für die Knie und die Lendenwirbelsäule nicht unproblematisch. Für die Pulsberechnung im Wasser gilt folgende Orientierungshilfe: 160 – Lebensalter.

Häufig liest man von Vorstellungen, daß ein Herz-Kreislauf-Training auch über ein Krafttraining mit geringeren Intensitäten ohne Pausen durchzuführen sei. Das mag für ein Kraftausdauertraining zutreffen, anders sieht es aus, wenn man sich die Herztätigkeit unter Belastung genauer betrachtet.

Jenseits einer Kraftbeanspruchungsintensität von 15% der Maximalkraft eines Muskels setzt durch den Druck des Muskels auf die Gefäße eine Drosselung der Durchblutung ein. Jenseits von 50% der Maximalkraft führt diese Kompression zu einem völligen Durchblutungsstop. Beim Dauerlauf werden die Gefäße vom Körper weitgestellt, so daß das Herz zu seiner Volumenarbeit, denn es muß ja vermehrt Blut in die Peripherie pumpen, nicht auch noch durch eine verstärkte Druckarbeit belastet wird. Genau das jedoch passiert beim Krafttraining. Es kommt zu intensiven Blutdruckanstiegen selbst bei Beanspruchungen nur kleiner Muskelgruppen.

Der Herzmuskel unterliegt ähnlichen Gesetzmäßigkeiten wie andere Muskeln auch. Durch Inaktivität geht seine Leistungsfähigkeit verloren, durch regelmäßiges, überschwelliges Training wird er größer.

Durch Beanspruchungen wie sie bspw. durch den Dauerlauf gesetzt werden, reagiert der Herzmuskel mit einer physiologischen Hyperthrophie, das bedeutet mit einem harmonischen Wachstum aller Herzabschnitte. Durch die Volumenarbeit kommt es zu einer Hohlraumvergrößerung, dadurch kann pro Herzschlag mehr Blut in die Peripherie gepumpt werden. Dies ist die Voraussetzung für eine ökonomische Herzarbeit in Ruhe und bei submaximalen Belastungen, denn für die gleiche Menge Blut muß das Herz weniger häufig schlagen. Der Motor Herz wird also nicht so hochtourig gefahren.

Anders sieht es bei Kraftbeanspruchungen aus. Der Herzmuskel paßt sich auch wieder der Belastung an, aber durch die vermehrte Druckarbeit kommt es durch eine Herzwandverdickung zu einer Herzvergrößerung und nicht zu einer Hohlraumvergrößerung und damit nicht zu einer Ökonomisierung der Herzarbeit.

Aufgrund dieser Überlegungen können wir feststellen:

Ein Krafttraining ist hervorragend geeignet, um muskuläre Defizite, Dysbalancen und daraus resultierende Haltungs- und Leistungsschwächen zu kompensieren und um viele weitere, bereits angesprochene positive Effekte auf orthopädischer und internistischer Ebene zu erzielen. Für ein optimales Herz-Kreislauf-Training müssen wir jedoch Beanspruchungsformen wie Laufen und Radfahren einsetzen.

# 8 Gefahren beim Krafttraining

Es wäre etwas provokativ, zu sagen, es gäbe keine Gefahren beim Muskeltraining. Die Annahme jedoch, daß es beim Muskeltraining zu einem Verschleiß von Knochen, Bändern und Gelenken kommt, kann eindeutig verneint werden. Wenn es zu gesundheitlichen Schäden, Verletzungen oder auch Spätschäden kommt, liegen immer trainingsmethodische Fehler zugrunde. Falsch ausgewählte oder falsch ausgeführte Übungen beinhalten immer das Risiko einer Überlastung.

Eine Gefährdung besteht insbesondere dann, wenn hart an der Leistungsgrenze trainiert wird, weil es dann meistens zu Ausweichbewegungen des Rumpfes kommt. Selbst der Jugendliche oder Freizeitsportler, der nicht mit hohen bis maximalen Widerständen trainiert (so jedenfalls unsere Empfehlung), wird diese Ausweichbewegungen, die in hohem Maß die Lendenwirbelsäule gefährden, ausführen, wenn er Übungen im Stehen durchführt. Hier sind in erster Linie viele Übungen mit der Langhantel zu nennen, bei denen die Last mit den Armen bewegt wird. Sobald die Kraft im zu trainierenden Muskel nachläßt, nimmt der Oberkörper die zur Bewältigung der Last biomechanisch günstigste Position ein, und das führt zu einer übermäßigen Hohlkreuzbildung (Hyperlordose) mit starker Belastung der Bandscheiben und Wirbelgelenke.

Eine weitere Gefahr beim Muskeltraining liegt in der Überbetonung der Extremitäten. Ein korrektes Muskeltraining muß das Hauptaugenmerk auf die Stabilisierung der Rumpfmuskulatur legen, sonst ist die Gefährdung der Wirbelsäule durch von den Armen beschleunigte Widerstände noch viel größer.

Im Trainingsteil wird diese Problematik anhand der einzelnen Übungen genauer erörtert. Grundsätzlich kann man sagen, daß man Übungen, die man im Liegen oder Sitzen bei weitgehend entlasteter Wirbelsäule ausführen kann, gegenüber solchen im Stehen immer den Vorzug geben sollte. Denn Langhanteltraining im Stehen verursacht erhebliche Belastungen des Skelettsystems, die noch durch falsche Haltung oder individuelle Anormalitäten verstärkt werden können. Bei einem starken Rundrücken ist bspw. die statische Belastung der Bandscheiben im Bereich der Brustwirbelsäule um 50% höher als bei normal geformten Rücken. Schon ein Hantelgewicht von 25 kg läßt in tiefer Rumpfbeuge mit gestreckten Beinen die senkrechte statische Belastung der 5. Lendenbandscheibe auf 480 kg anwachsen. Daran sollte man auch beim Einkauf denken, denn eine Bier- oder Saftkiste wiegt etwa 20 kg.

Durch fehlende Technik beim Training mit der Langhantel kommt es häufig zu gesundheitlichen Problemen. Neue Übungen sollten deshalb grundsätzlich mit ganz geringer Belastung durchgeführt werden (bspw. Besenstiel), bis die Technik beherrscht wird. In ermüdetem Zustand dürfen keine schweren Gewichte verwendet werden.

Beim Muskeltraining dürfen die Widerstände nur langsam gesteigert werden, da es sonst zu Überlastungsschäden an Sehnen, Bändern, Gelenken und Knochen kommen kann, weil sich die Muskelkraft schneller entwickelt als die Belastbarkeit dieses Bereichs. Das gilt nicht nur für Jugendliche, sondern auch Erwachsene sollten keine sprunghaften Belastungssteigerungen im Trainingsprozeß riskieren.

Ein weiterer wichtiger Punkt zur Verletzungsprophylaxe beim Muskeltraining ist die Erhaltung der Beweglichkeit. Mit zunehmendem Training verkürzt die Muskulatur, dadurch wird sie verletzungsanfälliger. Außerdem ist eine Leistungsverbesserung nur dann möglich, wenn neben der gekräftigten Muskulatur auch die Bewegungsamplitude im Gelenk erhalten oder verbessert wird.

Aus Sicht der inneren Medizin werden beim Muskeltraining häufig hohe Blutdruckwerte erzielt. So erreicht ein gesunder junger Mann mit normalen Blutdruckausgangswerten (120:80 mmHg) beim Dehnen eines Expanders rasch einen Anstieg dieser Werte von bis zu 220:120 mmHg. Für einen jungen gesunden Menschen ist dies wohl völlig unproblematisch, was aber nicht für einen herzgeschädigten oder Hypertoniker gelten kann. Besonders kritisch wird es, wenn größere Muskelgruppen über einen längeren Zeitraum mit hoher Intensität angespannt werden. Dabei können kurzfristige Blutdruckwerte von über 300:240 mmHg auftreten. Untersuchungen zum Thema Blutdruckverhalten bei Bodybuildern ergaben jedoch keine signifikanten Unterschiede zu Normalpersonen. Bei einem Fahrrad-Ergometertest an 3000 Sportlern und Nichtsportlern lagen die Werte der Bodybuilder sogar unterhalb der Mittelwertkurve.

Es soll jedoch auf die Bedeutung einer guten Durchblutung hingewiesen werden; ausgeprägte Kapillarisierung der Muskelfasern und ein stabiler venöser Rückfluß sind wichtig. Das bedeutet, daß zusätzlich zum Muskeltraining ein regelmäßiges Ausdauertraining zur Stabilisierung des Kreislaufs erforderlich ist.

# 9 Trainingsvorbereitende Maßnahmen

Grundsätzlich: Sportungewohnte Personen, die jenseits des 35. Lebensjahres ein Training beginnen wollen, sollten sich zunächst einer ärztlichen Untersuchung unterziehen. Das gilt auch dann, wenn der Betreffende sich für völlig gesund hält. Das hat folgende Gründe: Liegen bisher unbekannte Organschäden vor, kann der Befund durch körperliches Training gegebenenfalls verschlechtert werden. Durch eine Untersuchung kann die Existenz von Risikofaktoren festgestellt werden, die in bezug auf Qualität und Quantität des Trainings bedeutsam sind und im Trainingsprogramm berücksichtigt werden sollten.

## 9.1 Aufwärmen

Um von Beginn an Belastungen tolerieren zu können und vor Verletzungen geschützt zu sein, muß der Körper in eine erhöhte Leistungsbereitschaft versetzt werden. Diese soll eine erhöhte Reaktionsbereitschaft des zentralen Nervensystems, eine höhere Muskeltemperatur und einen intensiveren Stoffwechsel bewirken. Die Zunahme des Herz- und Atemminutenvolumens gewährleistet eine bessere Versorgung der Muskulatur mit Sauerstoff und Nährstoffen bzw. eine bessere Entsorgung von Stoffwechselschlacken und Kohlendioxid.

Die höhere Reaktionsbereitschaft des zentralen Nervensystems verbessert die Koordination bei den einzelnen Übungen und verhindert Verletzungen. Durch die höhere Muskeltemperatur wird der Reibungswiderstand in der Muskulatur herabgesetzt, was eine größere Dehnfähigkeit und eine höhere Kontraktionsgeschwindigkeit zur Folge hat. Mit steigender Körpertemperatur wird außerdem das Knorpelgewebe aufeinanderliegender Flächen innerhalb der Gelenke dicker. Das verbessert die Druckverteilung und sorgt für eine verbesserte Belastbarkeit der Gelenke. Aus diesen Punkten wird ersichtlich, wie wichtig ein richtiges Aufwärmen vor dem Training ist. Zusammenfassend kann man sagen: ein aufgewärmter Muskel ist leistungsfähiger und weniger verletzungsanfällig.

Das Aufwärmen kann durch Fahrradfahren, Rudern, Hüpfen auf der Stelle oder auf dem Trampolin, Treppensteigen oder Joggen erfolgen (Abb. 1 – 5). Seilspringen ist unter Umständen für den Anfänger zu anstrengend und die Herzfrequenz steigt zu hoch an.

Um die angesprochenen positiven Effekte zu erzielen, muß die Aufwärmphase ca. 10 – 15 min. betragen. Die optimale Herzfrequenz liegt in Abhängigkeit von Alter und Trainingszustand etwa bei 120 Schlägen pro min., bei Personen über 60 oder Herzinfarktpatienten darunter.

*Abb. 1*

*Abb. 2a*

*Abb. 2b*

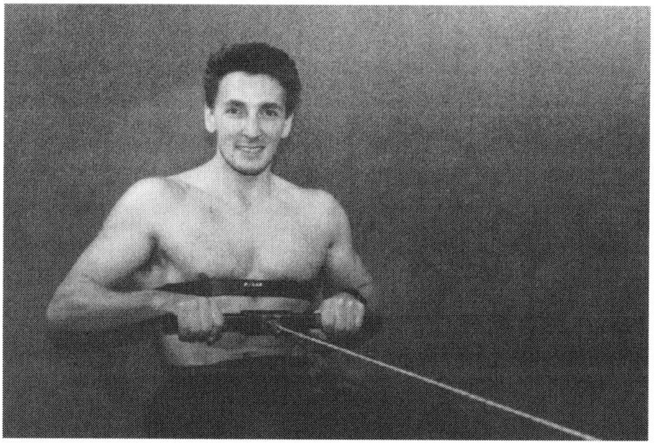

*Abb. 3*

*Abb. 4*

*Abb. 5*

## 9.2 Stretching

Muskeln, Sehnen und Bänder sind flexible Strukturen, sie können sich versteifen und den Bewegungsumfang einschränken. Intensives, bisweilen einseitiges Muskeltraining bzw. einseitige Routinebeanspruchungen im Alltag führen zu Muskelverkürzungen, wenn dem nicht durch entsprechende Dehnübungen entgegengewirkt wird. Wie aber soll man dehnen?

Wippen, Federn, Schwingen etc., also herkömmliche „Dehnungtechniken", können als solche eigentlich nicht bezeichnet werden, weil sie über Dehnungsreflexe eigenreflektorische Spannungen aufbauen, Gelenke nicht endgradig auslasten und Ausgleichsbewegungen in benachbarten Gelenken erlauben. Im Muskel sitzen sogenannte Muskelspindeln, die über das Reflexsystem den Spannungs- und Längenzustand des Muskels kontrollieren und ihn vor Verletzungen schützen. Tritt nun eine plötzliche und starke Dehnung der Muskulatur auf, wie sie in der Regel durch Wippen oder Federn ausgelöst wird, sendet die Muskelspindel ein Signal aus, das zu einer Kontraktion des Muskels führt. Der Muskel zieht sich also durch einen Schutzreflex zusammen, um einen Muskelriß zu verhindern. Statt einer Dehnung wird demnach das Gegenteil erreicht.

Besonders unphysiologisch zur Verbesserung der Beweglichkeit, sind auch Rotationsbewegungen mit Körperteilen, die von der Natur dafür nicht vorgesehen sind: Kopfkreisen, Rumpfkreisen, etc..

Im **Stretching** arbeitet man mit dem Prinzip der gehaltenen Dehnung. Das bedeutet eine eingenommene Dehnposition wird vor der Schmerzgrenze über einen bestimmten Zeitraum beibehalten. Besonders viel verspricht man sich von der CHRS-Methode (contract-hold, relax, stretch = anspannen-halten, entspannen, dehnen), die das sogenannte Sherrington-Prinzip nutzt: Nach einer maximalen isometrischen Kontraktion tritt eine kurzfristige Phase der Entspannung ein, in der die Muskulatur besonders dehnfähig ist. Das heißt, der muskulär-reflektorische Widerstand gegen Dehnung ist zu diesem Zeitpunkt stark vermindert.

Man muß nicht so beweglich werden wie Mark (Abb. 6 – 8), doch die folgenden Stretchingübungen sollten zur Verletzungsprophylaxe und zum Ausgleich von Verkürzungen regelmäßig durchgeführt werden.

*Abb. 6*

*Abb. 7*

*Abb. 8*

**Übung S 1, Abb. 9: Dehnung Beinrückseite**

Die bei dieser Stretchingübung angegebenen Zeiten gelten auch für die folgenden Übungen und werden dort nicht mehr einzeln angegeben.

Anspannung:
Das gestreckte Bein drückt mit der Ferse kräftig in die Unterlage, dabei kontrahieren die m. ischiocrurales.
Halten:
8 – 10 sek., ruhig weiteratmen
Entspannen: 2 – 3 sek.
Dehnen: Der Oberkörper wird über das gestreckte Bein geschoben, die Wirbelsäule bleibt gerade.

*Abb. 9*

Die Position an der Schmerzgrenze wird 10 – 12 sek. gehalten. Die Fußspitze sollte nach oben gezogen werden.
Bei Kniebeschwerden ist auf eine adäquate Unterlage zu achten.

Variante:

Eine leichtere, aber ebenso effektive Dehnungsübung zeigt Abb. 10. Hier wird nicht nach dem CHRS-System gearbeitet, sondern einfach in Rückenlage ein Bein angehoben. Erstrebenswert ist ein rechter Winkel zwischen dem liegenden und dem nach oben gestreckten Bein.

*Abb. 10*

**Übung S 2, Abb. 11: Dehnung Abduktoren**

Anspannen: Das Knie des überkreuz angewinkelten Beines drückt gegen den Widerstand der Hand nach oben. Entspannen.

Dehnen: Die Hand drückt das Knie auf die Unterlage, der Rumpf ist gegengelagert.

Variante: Abb. 12 zeigt eine weitere Möglichkeit der Abduktorendehnung.

*Abb. 11*

*Abb. 12*

## Übung S 3, Abb. 13: Dehnung Adduktoren

Anspannen: Im Sitzen drücken die gespreizten angewinkelten Beine gegen den Widerstand der Arme. Entspannen.

Dehnen: Die Arme schieben die Beine in dieser Position nach außen.

Diese Übung dehnt in erster Linie die kurzen Adduktoren, welche insbesondere zur Verkürzung neigen.

*Abb. 13*

**Übung S 4, Abb. 14: Dehnung m. quadriceps, m. iliopsoas**

Anspannen: In Seitenlage wird das obere Bein nach hinten abgewinkelt. Der Fuß drückt gegen die Hand nach unten. Entspannen.

Dehnen: Die Hand zieht den Fuß nach hinten oben. Dabei darf es zu keiner Ausweichbewegung des Unterschenkels kommen. Die Hüfte wird nach vorne geschoben.

*Abb. 14*

**Übung S 5, Abb. 15: Dehnung m. iliopsoas, m. quadriceps**

Bei dieser Übung liegt der Schwerpunkt stärker auf der Iliopsoasdehnung.

*Abb. 15*

Anmerkung:
Die Hüftbeuger (m. iliopsoas) zählen zu den Muskeln, die praktisch immer verkürzt und dazu noch sehr schwer zu dehnen sind. Nur regelmäßiges, intensives Dehnen führt in kleinen Schritten zu Verbesserungen.

## Übung S 6, Abb. 16: Dehnung des m. pectoralis

Anspannen: Die Hand des seitlich ausgestreckten Armes drückt in die Unterlage. Entspannen.

Dehnen: Kopf und Oberkörper drehen sich mit Hilfe des aufgestützten Armes nach seitlich oben.

*Abb. 16*

## Übung S 7, Abb. 17:

Abb. 17 zeigt eine Dehn- und Entspannungsposition. Man versucht, in Rückenlage den Körper in eine leichte Bogenspannung zu bringen. Dadurch wird die Körperaußenseite gedehnt. Ca. 30 sek. Haltezeit pro Seite.

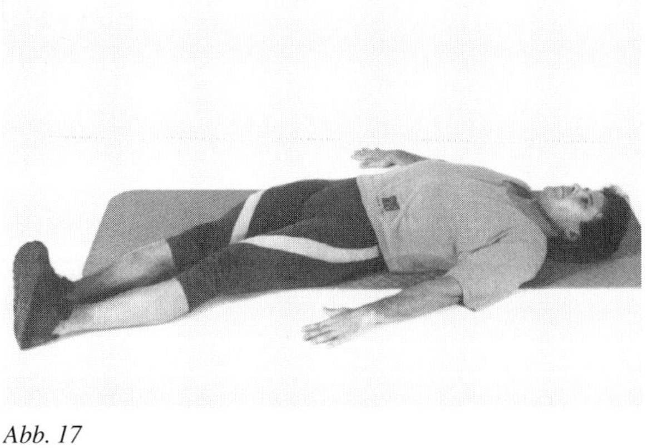

*Abb. 17*

**Übung S 8, Abb. 18:**

Abb. 18 demonstriert ebenfalls eine Möglichkeit zur Dehnung und Entspannung. In Rückenlage werden die Knie umklammert und zur Brust gezogen. Das Vor- und Zurückrollen dehnt die Muskulatur im lumbalen Bereich und ist gut gegen Verspannungen. Etwa 30 sek. halten.

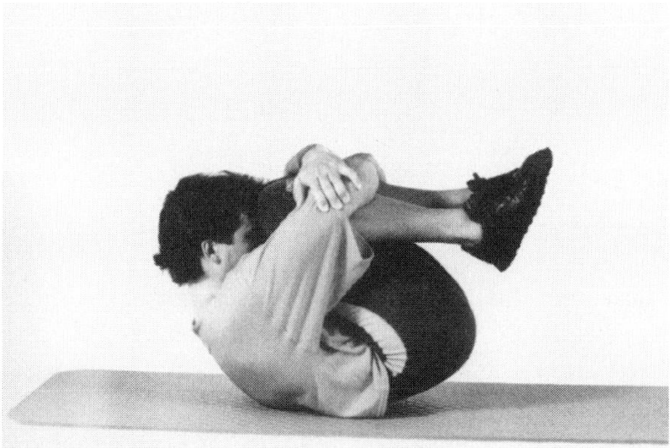

*Abb. 18*

**Übung S 9, Abb 19:**

Eine Dehnübung für den Hals- und Nackenbereich ist auf Abb. 19 zu sehen. Im Stand ziehen die verschränkten Hände den Kopf nach vorne unten – Kinn in Richtung Brustbein. Haltezeit ca. 30 sek..

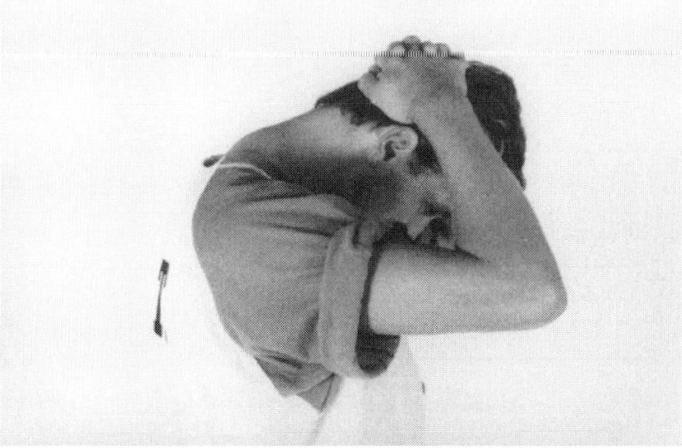

*Abb. 19*

Anmerkung:
Aufgrund der sensiblen Strukturen im Halswirbelbereich darf der Kopf nur langsam und vorsichtig nach unten bewegt werden.

## 9.3 Grundsätze des gesundheitsorientierten Krafttrainings

1. Vermeiden Sie Übungen mit hohen oder höchsten Bewegungswiderständen, denn sie bergen immer die Gefahr einer Überlastung in sich und es erhöht sich die Wahrscheinlichkeit einer fehlerhaften Ausführung.
2. Die ökonomische Bewegung der Extremitäten ist nur über einen stabilen Rumpf möglich. Bei instabilem Rumpf sind Ausweichbewegungen die Folge, insbesondere dann, wenn hart an der individuellen Leistungsgrenze trainiert wird.
3. Vermeiden Sie Übungen in extremen Körperpositionen, wie tiefe Hocke, Überstreckung oder Vorbeuge. Von Trainingsformen mit Rundrücken- oder Hohlkreuzhaltung, Drehbewegungen mit Zusatzgewichten ist auf jeden Fall abzuraten.
4. Vermeiden Sie Übungsausführungen mit hohen Geschwindigkeiten. Schnelle, ruckartige Bewegungen sind verletzungsintensiver und wenig effektiv, weil die anstrengende Phase der Übung mittels Schwung überwunden wird. Insbesondere die Rumpfmuskulatur besteht zum überwiegenden Teil aus langsam reagierenden, langsam ermüdenden Muskelfasern, die auch dementsprechend trainiert werden müssen.
   Merke: Ruhig und gleichmäßig statt schwungvoll und ruckartig!
5. Achten Sie auf die Atmung. Atmen Sie bei der Anstrengung aus.
6. Wärmen Sie sich vor jedem Training ausreichend auf. Das schützt Sie vor Verletzungen, verhindert langfristige degenerative Veränderungen und steigert Ihre Leistungsfähigkeit.
7. Dehnen Sie regelmäßig Ihre Muskulatur, vor allem die Bereiche, die zur Verkürzung neigen.
8. Achten Sie besonders nach anstrengenden Trainingseinheiten auf ausreichende Regenerationsphasen.
9. Achten Sie auf eine genaue Übungsausführung. Oft sind es Kleinigkeiten, die entscheiden können. Viele Übungen lassen sich durch Änderung des Hebels in leichtere und schwerere differenzieren. Wählen Sie am Anfang lieber die leichtere Form und führen Sie diese korrekt aus.
10. Trainieren Sie nie mit Schmerzen oder über die Schmerzgrenze hinaus.
11. Im Gesundheitssport sollte das dynamische Kräftigen mit mittleren Intensitäten dominieren.

# 10 Ausgewählte Übungen mit und ohne Gerät

## 10.1 Bauchmuskulatur

In diesem Kapitel sollen Funktion und Verlauf der Bauchmuskeln beschrieben, Zusammenhänge zwischen Muskeln des Bauchraumes, der Hüfte und des Lendenwirbelbereichs dargestellt und die daraus resultierenden Folgerungen anhand der gebräuchlichsten Übungen erklärt werden.

### Funktion der Bauchmuskulatur

Die Muskeln des Bauchraumes tragen wesentlich dazu bei, daß die inneren Organe und die Wirbelsäule in ihrer natürlichen Lage gehalten werden. Je kräftiger die Bauchmuskeln sind, desto größer ist die Entlastung im unteren Rückenbereich und der Schutz vor Rückenbeschwerden.

Schlaffe Bauchmuskeln führen dazu, daß die inneren Organe nach vorne rutschen, die Bauchdecke sich nach vorne wölbt und der Bauch an Umfang zunimmt. Dies geht meist einher mit verstärkten Verspannungen, Zug- und Druckbelastungen im Lendenbereich – womit wir wieder bei den Rückenschmerzen wären.

Für viele Menschen sind Verdauungsbeschwerden ein Teil ihres Lebens. Ein unangenehmer Teil, der letztendlich auch das Resultat von untrainierten, schlaffen Bauchmuskeln sein kann. Durch gezieltes Training wird die Bauchmuskulatur gestrafft. Ein lokales Verbrennen der Fettreserven am Bauch ist dadurch allerdings nicht zu erwarten.

Die Bauchmuskulatur ist also wichtig für den Erhalt der Körperfunktionen, die Lage der inneren Organe, für die Haltung und die Figur.

Außerdem ist sie für fast alle Sportarten von großer Bedeutung, besonders für die, bei denen über Kopf geworfen oder geschlagen wird (Tennis, Speerwurf, Handball) oder solche, bei denen Körperspannung verlangt wird (Turnen, Kunstspringen, Kraftsport, Muskeltraining).

Beim Anheben oder Bewegen von Lasten im Alltag oder beim Sport entlastet eine kräftige Bauchmuskulatur über die sogenannte Bauchpresse erheblich die Bandscheiben. Durch dieses (häufig instinktive) Anspannen der Bauchmuskeln entsteht ein erhöhter Druck in der Bauchhöhle, der nach oben und unten entlastend wirkt.

### Anatomie der Bauchmuskulatur

Die Bauchmuskulatur setzt sich aus verschiedenen Muskeln zusammen. Für das Verständnis der Kritik an den meisten tradierten Bauchmuskelübungen in Verein, Schule, Fitneß-Center und Heimsport sollte man über Lage und Funktion der wichtigsten Muskeln Bescheid wissen.

**Gerader Bauchmuskel (M. rectus abdominis)**
Ursprung: 5.-12. Rippenknorpel, Schwertfortsatz.
Ansatz: Oberrand des Schambeins.
Funktion: Beugung der Wirbelsäule, Vorneigung des Rumpfes.

**Äußerer schräger Bauchmuskel (M.obliquus externus abdominis)**
Ursprung: Außenfläche der 5.-12. Rippe.
Ansatz: Darmbeinkamm, linea alba.
Funktion: Hilfsmuskel des geraden Bauchmuskels, dreht den Rumpf und neigt ihn zur Seite.

**Innerer schräger Bauchmuskel (M.obliquus internus abdominis)**
Ursprung: 9.-12. Rippe, linea alba.
Ansatz: Darmbeinkamm, Leistenband.
Funktion: Arbeitet mit dem äußeren schrägen Bauchmuskel bei der Seitneigung und Drehung des Rumpfes zusammen.

**Querer Bauchmuskel (M.transversus abdominis)**
Ursprung: Innenfläche 7.-12.Rippenknorpel, Darmbeinkamm.
Ansatz: Linea alba.
Funktion: Ist stark an der Bauchpresse beteiligt, durch seine Spannung wird die Figur (Taille) geformt, führt keine Bewegung aus.
Angesprochen wird auch der sogenannte **Iliopsoas** (aus m. iliacus und m. psoas major), die beide am Trochanter minor ansetzen (kleiner Hügel an der Innenseite des Oberschenkelknochens, direkt unterhalb des Oberschenkelhalses), aber einen unterschiedlichen Ursprung haben.

Funktion: Aufrichten des Rumpfes aus der Rückenlage bei fixierten Beinen, Anheben der Beine beim Laufen und in Rückenlage bei fixiertem Oberkörper.

In der Fachliteratur ist man sich einig, daß für den Alltagsgebrauch keine Notwendigkeit besteht, diesen Muskel besonders zu kräftigen. Allerdings wird er bei vielen „klassischen“ Bauchübungen trainiert und führt dabei zu einer starken Hyperlordosierung einhergehend mit einem starken Druck auf die Bandscheiben (s. Kritik an herkömmlichen Übungen).

**Viereckiger Lendenmuskel (M.quadratus lumborum)**
Ursprung: Darmbeinkamm.
Ansatz: 12. Rippe, Querfortsätze der oberen 3 Lendenwirbel.
Funktion: Zieht bei einseitiger Kontraktion den Rumpf zur Seite, ist am Beinheben beteiligt.

## Trainingsformen für die Bauchmuskulatur

### Übung B 1: Crunches (Abb. 20)

Wirkung: Kräftigung der geraden Bauchmuskulatur (M. rectus abdominis).

Ausführung: In Rückenlage werden die Beine angewinkelt, so daß die Oberschenkel zur Hüfte und die Unterschenkel zu den Oberschenkeln jeweils einen rechten Winkel bilden.

Die Füße können gegen einen Wand gestemmt oder einfach in der Luft gehalten werden. Es bietet sich auch die Auflage der Unterschenkel auf eine Trainingsbank oder einen Stuhl an, sofern dies rechtwinklig möglich ist.

Aus dieser Position werden, je nach Leistungsvermögen, Kopf und Schultergürtel angehoben, Blickrichtung schräg nach vorne oben. Durch das Hochhalten der Beine bleibt der empfindliche Lendenwirbelbereich geschützt am Boden. Am höchsten Punkt kurz verharren, langsam zurück in die Ausgangsstellung, ohne den Kopf auf dem Boden abzulegen.

Anmerkung: Immer wieder umstritten ist die korrekte Haltung der Arme. Sie können wie auf Abb. 20 an den Oberschenkeln vorbei (die Hände drücken gegen einen imaginären Widerstand) nach vorne geschoben werden oder vor der Brust überkreuzt werden. Erfahrungsgemäß haben viele Frauen aufgrund schwacher Halsmuskulatur Probleme, in dieser Position den Kopf zu halten. Hier ist es hilfreich, die Hände hinter dem Kopf zu verschränken, um ihn zu stützen. Die Ellbogen müssen dabei aber nach außen zeigen. Zur Erschwerung der Übung werden die Hände im Nacken überkreuzt.

*Abb. 20*

## Übung B 2: Crunches schräg (Abb. 21 & 22)

Wirkung: Kräftigung der schrägen Bauchmuskulatur.

Ausführung: In Rückenlage mit aufgestützten Füßen (Fersen drücken stark in die Unterlage) werden die Hände zusammen abwechselnd rechts oder links an der Hüfte vorbei nach vorne geführt.

Dauer: 30 – 40 sek.

*Abb. 21*

*Abb. 22*

Abb. 23 & 24 zeigen eine erschwerte Variation der Übung. Rechter Ellbogen zieht zum linken Knie und umgekehrt. Beine entsprechend gegengleich anbeugen und strecken.

*Abb. 23*

*Abb. 24*

**Übung B 3: (Abb. 25)**

Der rechte Unterschenkel liegt oberhalb des linken Knies auf. Die Bewegung findet in Richtung rechtes Knie statt. Nach Ermüdung wird die Position gewechselt (dynamische Übungsform).

*Abb. 25*

**Übung B 4: (Abb. 26)**

Ausführung: In Rückenlage drückt der linke Arm gegen das angewinkelte rechte Knie. Wechsel nach 15-20 sek.. Eine statische, aber schonende Übungsform. Auf eine gleichmäßige Atmung ist zu achten.

Hinweis: Bauchmuskeln sind Haltemuskeln und sollten langsam trainiert werden. Es ist von daher ungeschickt, den Übenden auf eine bestimmte Wiederholungszahl festzulegen. Dadurch ruft man meist eine zu schnelle Übungsausführung hervor. Eine Zeitspanne anzugeben oder anzustreben ist hier besser.

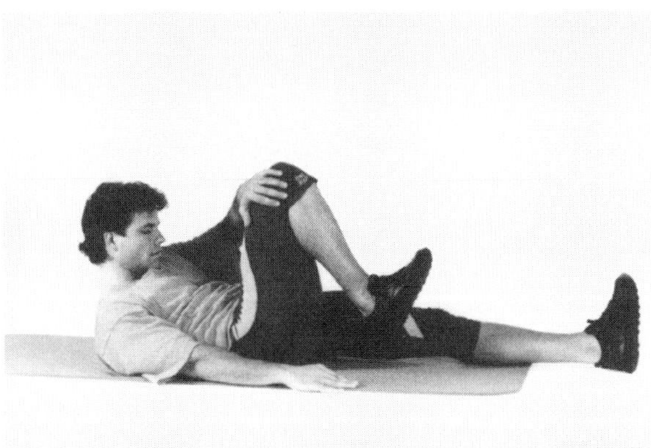

*Abb. 26*

## Übung B 5: (Abb. 27 & 28)

| | |
|---|---|
| Wirkung: | Kräftigung der paravertebralen Bauchmuskulatur, Abduktoren. |
| Ausführung: | In der Seitlage werden die gestreckten Beine zusammen angehoben und wieder abgesenkt, ohne daß der untere Fuß den Boden berührt. |
| Dauer: | 20 Wdh. pro Seite. |
| Variation: | Die Übung ist ewas leichter, wenn die Beine angewinkelt werden. Das obere Bein wird in der Endposition noch etwas mehr angehoben. |
| Fehler: | Das Becken kippt nach hinten oder vorne. |

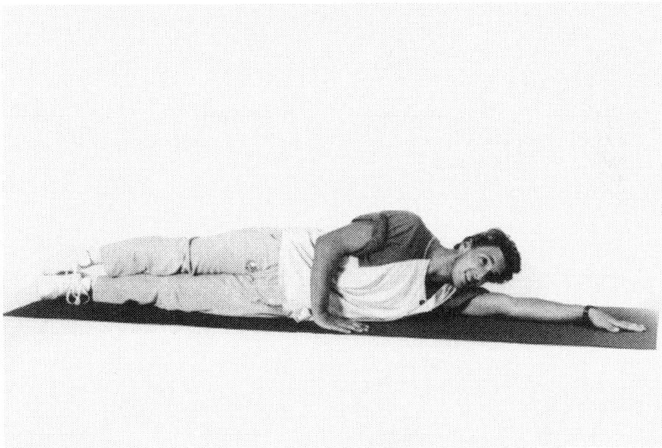

*Abb. 27*

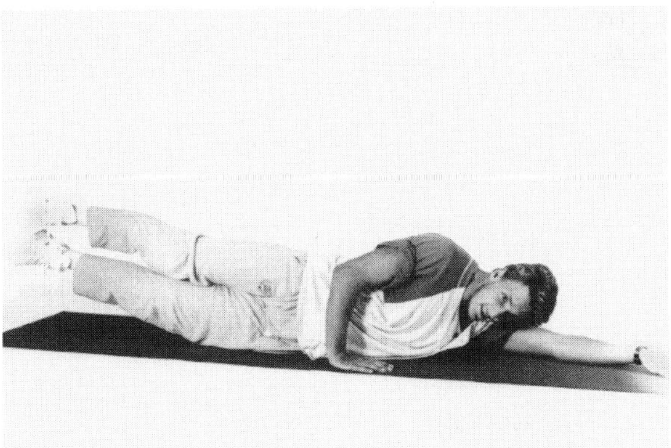

*Abb. 28*

**Übung B 6: Beckenheben (Abb. 29 & 30)**

Wirkung: Kräftigung des M. rectus abdominis.

Ausführung: Aus der Rückenlage werden die angewinkelten Beine nach hinten oben angehoben, bis das Gesäß keine Bodenberührung mehr hat. Je kleiner der Winkel zwischen Hüfte und Oberschenkel wird, um so leichter ist die Übung. Eingeleitet wird die Übung durch starkes Anspannen der Bauchmuskeln, Druck der Lendenwirbel in die Unterlage und leichtes Kippen der Beckenknochen Richtung Rippen.

Dauer: 10 – 12 Wdh..

Variation: Man hält sich mit den Händen hinter dem Kopf am Partner oder an einem Gegenstand fest (vergrößert allerdings die Gefahr der Hohlkreuzbildung).

Fehler: Preßatmung, Kopfüberstreckung, Hohlkreuzbildung.

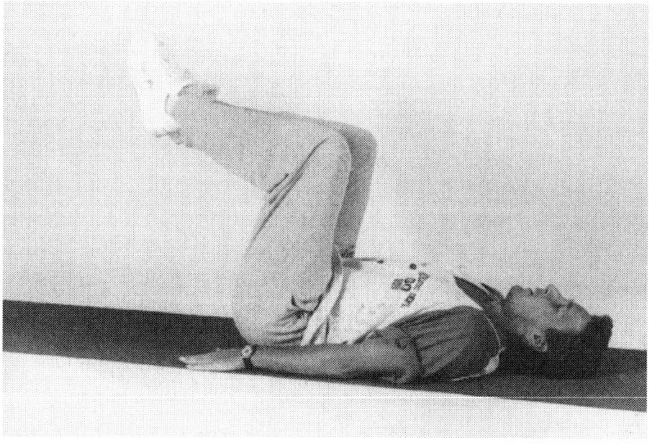

*Abb. 29*

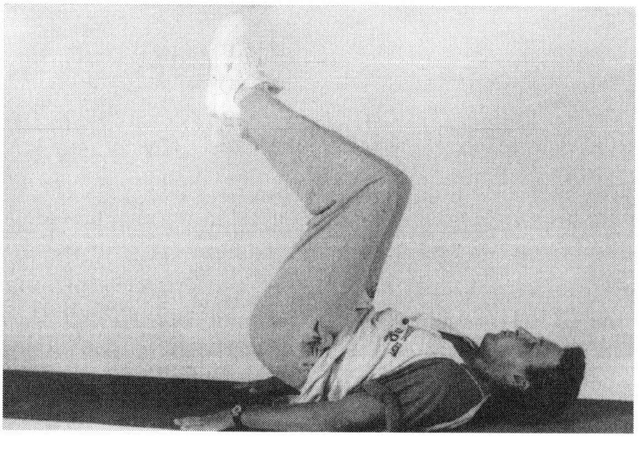

*Abb. 30*

## Übung B 7: Beinheben im Hang (Abb. 31 & 32)

Im Hang, beispielsweise an der Reckstange, ist die Gefahr, daß aus der Überstreckung trainiert wird, besonders groß. Der erste Impuls beim Anheben der Beine kommt dann aus dem Lendenbereich, dadurch ist wieder eine Gefährdung der Wirbelsäule gegeben.

Die Beine werden also nicht gestreckt angehoben, sondern stark angewinkelt nach oben gebracht, wobei das Hauptaugenmerk dem Mitanheben des Gesäßes und der Beugung der Lendenwirbelsäule gilt. Ein Absenken der Beine unter einen Hüftwinkel von ca. 130° Grad ist weder nötig noch sinnvoll.

Die Übung läßt sich gut an der Sprossenwand ausführen. Allerdings ist häufig die Haltekraft leistungslimitierend. Das heißt, daß die Arme ermüden, bevor ein großer Trainingseffekt für die Bauchmuskulatur gegeben ist.

*Abb. 31*

Variation: Beinheben im Stütz

In vielen Fitneßcentern wird die Beinhebeübung im Stütz mit Rückenlehne trainiert. Es gelten die gleichen Anmerkungen wie für den Hang.

Besondere Beachtung gilt der Rückenstütze. Pressen Sie den Lendenbereich gegen das Polster und nicht etwa den oberen Rücken. Im Gegenteil, beim Anheben der Knie kann der Oberkörper zur vollständigen Kontraktion der Bauchmuskeln nach vorne abgebeugt werden, so daß nur noch die Lendenwirbel gegen das Polster drücken.

*Abb. 32*

## Übung B 8: Bauchmaschine (Abb. 33 & 34)

Wirkung: Kräftigung der geraden Bauchmuskulatur (M.rectus abdominis).

Ausführung: Der Oberkörper wird durch starkes Anspannen der Bauchmuskulatur leicht nach vorne gebeugt. Ein Anheben der angewinkelten Knie verbunden mit einer kleinen Einrollbewegung der Hüfte verbessert die Bewegung. Schwer fällt am Anfang das Halten der Bauchspannung und das gleichzeitige Atmen.

Variation: Durch Drehung des Oberkörpers zur Seite wird die schräge Bauchmuskulatur trainiert. Der entgegengesetzte Arm sollte dabei über die Bruststütze gelegt werden.

Anmerkung: Diese Übung darf nur von Rückengesunden ausgeführt werden. Bei manchen Wirbelsäulenformen bzw. mangelnder Einrollfähigkeit treten schnell Probleme im Lendenwirbelbereich auf.

*Abb. 33*

*Abb. 34*

**Übung B 9: (Abb. 35 Ausgangsstellung, Abb. 36 Endstellung)**

Wirkung: Kräftigung der geraden Bauchmuskulatur (M.rectus abdominis).

Ausführung: Mit dem Rücken auf dem Pezzi-Ball liegend werden Schultergürtel und Kopf bis zur Waagrechten angehoben und langsam wieder bis in die Ausgangsstellung abgesenkt.

Fehler: Ein Überstrecken des Kopfes und starke Beugung der Brustwirbelsäule wie auf Abb. 36 sollte vermieden werden.

*Abb. 35*

*Abb. 36*

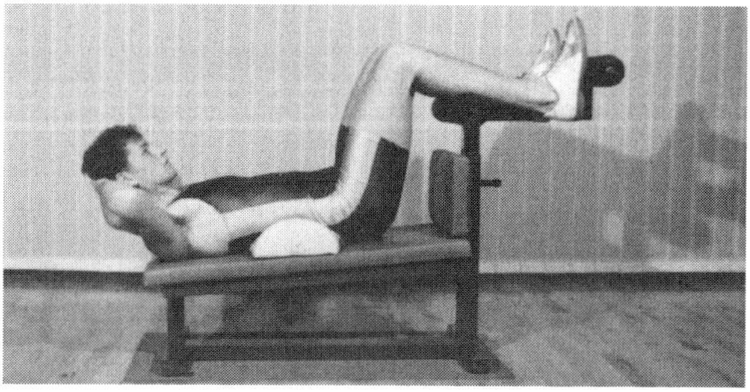

*Abb. 37*

## Kritik an herkömmlichen Übungen

### Sit ups

Die herkömmlichste und bekannteste Form des Bauchmuskeltrainings, die sogenannten sit ups, werden aus der Rückenlage ausgeführt. Der Oberkörper wird aufgerichtet, wobei die Füße durch Partner, Schrank, Sprossenwand, Heizung o. ä. fixiert und die Hände hinter dem Kopf verschränkt sind.

Kritik:
Durch die fixierten Beine haben wir, wie aus den Muskelfunktions- und -verlaufsbeschreibungen ersichtlich, eine falsche Drehachse, d.h. man trainiert hauptsächlich den m.iliopsoas und nicht den geraden Bauchmuskel. Der m. iliopsoas wird in der gängigen Fachliteratur zwar den tonischen Muskeln zugeordnet, was neben einer nachgewiesenen Verkürzungsneigung auch noch eine langsame Ermüdung und langsame Reaktion bedeuten würde. In der Trainingspraxis fällt jedoch auf, daß zu Beginn der Bewegung bei fixierten Beinen als erstes der Hüftmuskel innerviert wird und der Bauchmuskel kaum an der Bewegung beteiligt ist. Dies wird durch schnellkräftige Trainingsformen noch verstärkt, ganz abgesehen von der erhöhten Überlastungsgefahr der Wirbelsäule.

Von den Empfehlungen, wie Wirbel für Wirbel einrollen, Kinn auf die Brust nehmen, um möglichst eine runde Bewegung zu erzielen, damit kein Hebel entsteht, der negativ auf die Lendenwirbelsäule wirken könnte, ist man in den letzten Jahren wieder etwas abgekommen. Dieser Veränderung liegt die Überlegung zugrunde, daß viele Menschen durch ihre vorwiegend sitzende Arbeitshaltung/Lebensweise bereits lange genug in einer unphysiologischen Rundrückenhaltung verharren, und man deshalb im Training nicht wieder in dieser Haltung üben sollte. Beim Anheben des Schultergürtels muß der Kopf also in Wirbelsäulenverlängerung gehalten werden, der Blick geht schräg nach oben zur Decke.

Sehr zu empfehlen ist ein Lordosekissen (Abb.37), welches man unter die Lendenwirbelsäule legt bzw. Trainingsbänke, in die ein solches Kissen eingebaut ist. Gute Übungsmöglichkeiten bietet hierfür auch der Pezziball.

Bei den angesprochenen sit ups ist häufig zu beobachten, daß der Trainierende den Oberkörper starr wie ein Brett aufrichtet und daß es beim Absenken, insbesondere am Schrägbrett oder dem zur Zeit überall im Handel erhältlichen romain chair, sehr leicht zu ausweichenden Hohlkreuzhaltungen kommt, dies kann zu hohen Belastungen der Bandscheiben im Lendenwirbelbereich führen.

Der freischwingende Oberkörper stellt einen nicht zu unterschätzenden Hebelarm dar. Eine zusätzliche Gefahr bedingen die im Nacken verschränkten Hände. Sie werden zumeist zum Schwungholen in der Auftaktbewegung benutzt. Dadurch kann es zu Fehlbelastungen und Verspannungen im Nackenbereich kommen. Des weiteren begünstigt diese Haltung die Hohlkreuzbildung bei der Übung. Außerdem ist dieses Schwungholen unsinnig, da die Bauchmuskulatur, wie oben angesprochen, nicht schnellkräftig trainiert werden sollte.

Ein Beispiel: Person A hat ein starkes Hohlkreuz, schwache Bauchmuskeln und klagt häufig über Rückenschmerzen. Sie bekommt die Empfehlung, unbedingt ihre Bauchmuskulatur zu trainieren.

Macht sie das Übliche, nämlich sit ups mit fixierten Beinen, ist folgendes zu beobachten:

Als erstes kontrahiert die, wie für ein starkes Hohlkreuz typisch, sehr stark verkürzte Hüftbeugemuskulatur und bringt die Lendenwirbelsäule beträchtlich unter Zugspannung. Schon am Anfang der Bewegung ist bei ihr im unteren Rücken eine übermäßige Brückenbildung zu beobachten, der Rumpf richtet sich wie ein Brett auf.

Resultat: Die Hüftbeuger verkürzen sich durch dieses Training noch stärker, das Hohlkreuz verstärkt sich, Verspannungen im Rücken nehmen zu, der Trainingseffekt für die Bauchmuskeln ist gering, die Verstärkung der Rückenschmerzen ist wahrscheinlich bis unausweichlich.

Um Mißverständnisse zu vermeiden, es gibt mit Sicherheit genügend Sportler, die sich durch sit ups am Schrägbrett extrem leistungsfähige Bauchmuskeln antrainiert haben und nie Rückenbeschwerden haben oder hatten.

Im Freizeitbereich, Verein oder Fitneß-Center und besonders im Schüler- und Jugendtraining muß aber stärker als bisher differenziert und auf individuelle Beeinträchtigungen des Stütz- und Bewegungsapparates eingegangen werden.

Übung: Beinheben mit Partnerhilfe bzw. -widerstand.

Eine beliebte Übung in Schule und Verein. Der Übende liegt auf dem Rücken und hält sich mit den Händen an den Unterschenkeln des hinter seinem Kopf stehenden Partners fest.

Der Übende hebt nun die möglichst gestreckten Beine bis zur Senkrechten an, worauf sie der Partner nach vorne oder zur Seite wegstößt. Der Liegende senkt die Beine ab, bremst dabei diese Beschleunigung ab und versucht, kurz vor Bodenberührung die Beine wieder anzuheben.

Kritik: Es wird wieder um eine, wie ich es nenne, falsche Drehachse trainiert, es findet keine Flexion in der Wirbelsäule statt, das Becken (Schambein) nähert sich nicht dem Rippenbogen, wie für eine korrekte Übung für diese Muskelpartie gefordert werden müßte.

Erstaunlicherweise findet man diese Übung noch häufig in Trainingsbüchern. Es findet zwar ein statisches Bauchmuskeltraing statt, die Übung ist jedoch rundherum abzulehnen, denn schon die Ausgangsstellung begünstigt eine starke Hyperlordosierung, die gestreckten, schweren Beine bilden einen langen Hebel, der beim dynamischen Absenken die unterste Bandscheibe hohen Belastungen aussetzt.

Wenig trainierte Freizeitsportler oder Schüler können den Rücken nicht mit Hilfe der Bauchmuskeln stabilisieren, die Bauchmuskeln ermüden schnell und die Belastung muß von der Wirbelsäule aufgefangen werden. Das Wegstoßen der gestreckten Beine durch den Partner vervielfältigt diese Fehlbelastung.

Die angesprochene Übung Beinheben in Rückenlage wird häufig auch ohne Partner durchgeführt, es treffen im großen und ganzen die gleichen Kritikpunkte zu. Die Übung kann für den Lendenbereich etwas entschärft werden, wenn man die Hände unter den unteren Teil des Gesäßes schiebt, ist aber trotzdem nicht empfehlen.

## 10.2 Rückenmuskulatur

### Anatomie

**Breiter Rückenmuskel (M. latissimus dorsi)**

Ursprung: An den Dornfortsätzen der unteren Brustwirbelkörper, aller Lendenwirbelkörper und am hinteren Beckenkamm.

Ansatz: An der Leiste des Oberarmbeins unterhalb des kleinen Höckers.

Funktion: Ist der Arm fixiert, zieht er den Rumpf in Richtung Arm, führt den abgespreizten Arm an den Körper heran, rollt den Arm einwärts und führt ihn nach hinten.

**Kappenmuskel (M. trapezius)**

Ursprung: An sämtlichen Dornfortsätzen der Hals- und Brustwirbel, sowie am Hinterhauptbein.

Ansatz: Am lateralen Teil des Schlüsselbeins, an der Schulterhöhe und der Schulterblattgräte.

Funktion: Der obere Teil hebt – zusammen mit anderen Muskeln - die Schultern, der mittlere Teil zieht die Schulterblätter zur Wirbelsäule hin zusammen, der untere Teil senkt die Schultern nach unten und hebt den Rumpf bei fixierten Armen.

Dazu kommen noch der große und kleine Rautenmuskel (M. rhomboideus major und minor). Sie heben gemeinsam das Schulterblatt und damit den gesamten Schultergürtel. Ferner der große Rundmuskel (M. teres major), der ähnliche Funktionen wie der breite Rückenmuskel hat, und der kleine Rundmuskel (M. teres minor), der bei vielen Bewegungen als Gegenspieler des großen Rundmuskels wirkt.

Ein kompliziertes System von verschiedenartigen Muskeln ist unter dem Begriff Rückenstrecker (erector spinae) zusammengefaßt. Diese meist neben der Wirbelsäule entlanglaufenden Muskeln festigen die Wirbelsäule und sind im Zusammenspiel verantwortlich für die Streckung der Hals-, Brust- und Lendenwirbelsäule beim Aufrichten aus der Vorbeuge sowie bei der Kopfdrehung und Seitwärtsneigung des Rumpfes.

Bekannt ist der Vergleich der Wirbelsäule und Rumpfmuskulatur mit einem Segelbootmast: Die Wirbelsäule ist der Mast, die Rumpfmuskulatur ist die Verspannung des Mastes.

**Besonderheiten der unterschiedlichen Rückenformen**

Beim Erarbeiten eines Trainingsplanes im Freizeit-, Breiten- und Gesundheitssport mit der Zielsetzung Kräftigung und Entwicklung der Rückenmuskulatur sollte erst einmal auf Besonderheiten der unterschiedlichen Rückenformen eingegangen werden.

Man differenziert zwischen normaler Haltung, Haltungsschwächen, Fehlhaltungen und Fehlformen. Allerdings muß der Begriff „normale Haltung", also die harmonische Doppel-S-Form, etwas korrigiert werden, denn bei diesbezüglichen Untersuchungen weisen nur wenige der Untersuchten eine „normale" Wirbelsäule auf. Es gibt so viele Rückenformen, wie es Gesichter gibt. Sie sind leistungsfähig, wenn auch in verschiedener Weise für verschiedene Belastungen. Charakteristisch ist die Ruhehaltung, die Haltung, die der Rücken bspw. während längerem Sitzen einnimmt.

Haltungsschwäche: Der Rumpf sinkt tiefer in die Ruhehaltung, aber er ist in der Lage, sich aufzurichten.

Haltungsschaden: Der Rumpf sinkt tiefer zusammen und erreicht nicht die volle Aufrichtung.

Besonders Fehlhaltungen und Haltungsschwächen können rückgängig gemacht werden und durch aktives Muskeltraining positiv beeinflußt werden.

Das Nachvornehängen des Kopfes, der Schultern, überhaupt des gesamten Oberkörpers zeichnen den **Rundrücken** aus. Abgeschwächt ist hierbei der thorakale Anteil der Rückenstrecker, die Rhomboideen, der mittlere und aufsteigende Anteil des Trapezius, verkürzt ist der große und kleine Brustmuskel. Wichtig sind Übungen, die die abgeschwächten Muskeln kräftigen und die verkürzten Muskeln dehnen. Folgeerscheinungen des Rundrückens können Kurzatmigkeit und Leistungsschwäche sein, die Rippen befinden sich fast fortwährend in Ausatemstellung, der Thorax kann sich nicht genügend entfalten, Probleme mit der Durchblutung können folgen.

Beim **Hohlrücken** hingegen wirkt der Oberkörper extrem gerade oder sogar nach hinten hängend. Der Bauch tritt meist nach vorne vor, das Becken ist nach vorne gekippt und eine verstärkte Lendenlordose ist die Folge.

Hier ist die untere Rückenmuskulatur sowie die Hüftbeugemuskulatur verkürzt und sollte gedehnt werden, während die Bauch- und Gesäßmuskulatur zu schwach ist und gekräftigt werden muß.

Beim **Hohlrundrücken** liegt die verstärkte Aufmerksamkeit auf der Behebung des Rundrückens, durch Kräftigung des Schultergürtels und der Rückenmuskulatur im Bereich der Brustwirbelsäule.

Beim **Flachrücken** hat die Wirbelsäule ihre physiologischen Krümmungen und damit einen wesentlichen Teil ihrer Fähigkeit zum Ausgleich von Erschütterungen (Stoß- und Druckbelastungen) verloren. Das kann zu frühzeitigen degenerativen Veränderungen führen.

Unter **Skoliose** ist eine dauerhafte seitliche Verkrümmung der Wirbelsäule zu verstehen, die durch eine schlechte Haltung begünstigt wird, aber meistens ihre Ursache in kompensatorischen Vorgängen, wie Beinverkürzungen mit Beckenschiefstand, hat.

Ein Muskeltraining im Freizeit-, Breiten- u. Gesundheitssport darf nicht einfach nur traditionelle Kraftübungen übernehmen und in der Belastung (Gewichtsauflage o. ä.) reduzieren, sondern muß Erkenntnisse der Krankengymnastik und der neueren Trainings- und Bewegungslehre in die Übungsauswahl und Trainingsplanung einfließen lassen.

## Trainingsformen für die Rückenmuskulatur

Mit dem Oberkörper auf dem Pezzi-Ball liegend, lassen sich äußerst schonende Übungen für die Rückenmuskulatur entwickeln. Schonend bedeutet dabei nicht, daß Sie sich nicht anstrengen müssen, sondern bezieht sich auf die Entlastung empfindlicher Strukturen wie Bandscheiben, Wirbelgelenke etc..

**Übung R 10: (Abb. 38 & 39)**

Ziel: Kräftigung Rücken- und Schultermuskulatur; Dehnung Brustmuskulatur.

Ausführung: Arme, Kopf und Schultergürtel werden angehoben, bis in der Endstellung der gesamte Rücken vom Steißbein bis zum Hinterkopf eine gerade Linie bildet und die Arme deren Verlängerung darstellen. Mark sollte auf Bild 39 für die Endstellung den Kopf noch etwas mehr anheben. Die Bewegung sollte äußerst langsam, fast zeitlupenhaft ausgeführt werden.

Variation: Die Arme dienen der Übungsverstärkung. Je näher sie am Rumpf gehalten werden, um so leichter und je mehr sie gestreckt werden, desto schwerer ist die Übung.

Dauer: – statisch 12 sek. Haltearbeit;
– dynamisch 15 Wdh..

Fehler:
- Die Arme werden als Schwunggeber eingesetzt.
- Der Kopf wird in den Nacken genommen.

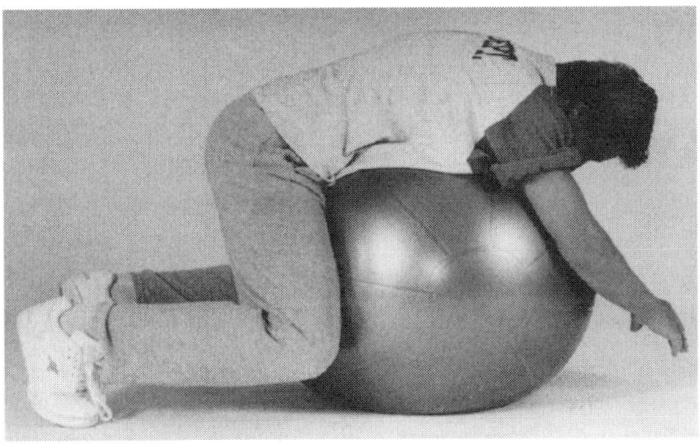

*Abb. 38*

*Abb. 39*

**Übung R 11 : (Abb. 40 & 41)**

Ziel: Kräftigung Rücken- und Schultermuskulatur; Dehnung Brustmuskulatur.

Ausführung: Aus der Bauchlage auf dem Pezziball werden die Arme langsam seitlich nach oben geführt, ohne den Rumpf zu bewegen. Die Arme sind in der Ausgangs- und Endstellung rechtwinklig vom Rumpf abgespreizt. Wichtig ist die sehr langsame Bewegungsausführung. Die Arme dürfen mit Rücksicht auf das Ellbogengelenk nicht ganz gestreckt werden.

Variation: Die Beine können bei entsprechendem Gleichgewichtsgefühl gestreckt werden, dann muß allerdings eine Ganzkörperspannung aufgebaut werden. Zusatzgewichte in den Händen erschweren die Übung beträchtlich. Es empfehlen sich Hanteln zwischen 0,5 und 5 kg.

Dauer: – statisch (Endposition) 12 sek. Haltearbeit;
– dynamisch 15 Wdh..

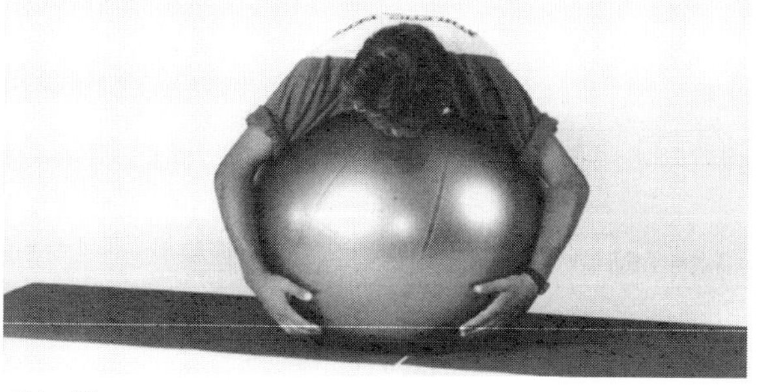

*Abb. 40*

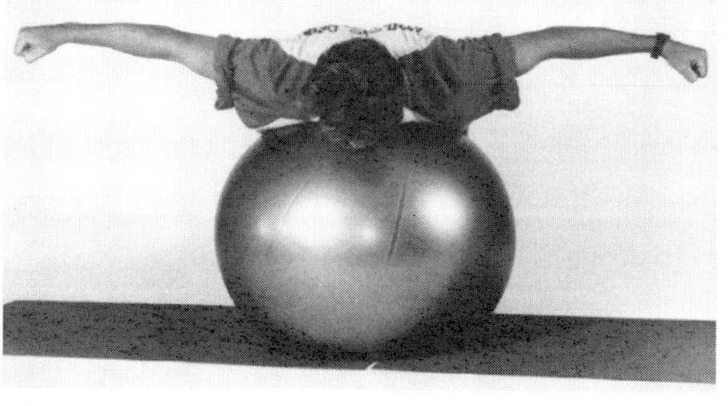

*Abb. 41*

Fehler:
Der Oberkörper bäumt sich auf, der Kopf wird in den Nacken genommen, der Übende holt im ersten Drittel der Bewegung Schwung, der Winkel zwischen Unter- und Oberarm wird nicht eingehalten, der Übende winkelt den Unterarm stark an und streckt die Arme dann mit Hilfe des Triceps in die Waagrechte.

Um weitere Bereiche der Rückenmuskulatur zu innervieren, können die Arme nach vorne (Abb. 42) oder nach hinten angehoben werden (Abb. 43).

Besonders beim Anheben nach vorne reichen sehr kleine Zusatzlasten wie bspw. ein Stab.

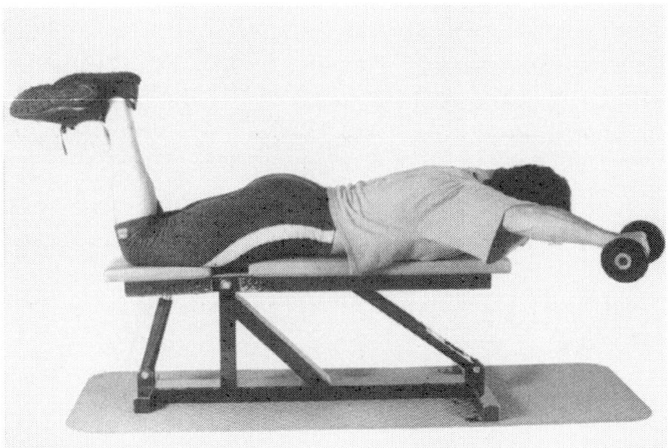

*Abb. 42*

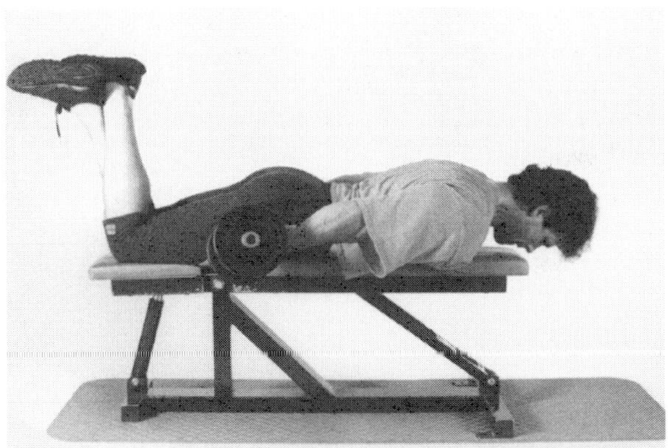

*Abb. 43*

Fehlerbild (Abb. 44): Der Kopf wird in den Nacken genommen und der Blick ist nicht auf den Boden gerichtet.

*Abb. 44*

**Übung R 12: (Abb. 45)**

Ziel: Dehnung und Entspannung der Schulter- und Rückenmuskulatur.

Ausführung: Aus dem Sitzen wird der Oberkörper durch die weit gespreizten Beine nach vorne gebeugt, bis die Stirn fast auf dem Ball aufliegt. Die Position wird aufgelöst, indem man mit den Händen Stück für Stück am Ball nach oben „läuft“ und die Wirbelsäule vom Gesäß her Wirbel für Wirbel aufrichtet.

Dauer: 12 – 20 sek..

Variation: Durch die Haltung der Hände (Zug) kann die Dehnung noch verstärkt werden.

Fehler: Übung wird ruckartig ausgeführt.

*Abb. 45*

**Übung R 13: (Abb. 46)**

Wirkung: Kräftigung der Gesäß- und Rückenstrecker.

Ausführung: In der Bauchlage werden die Beine nach hinten oben bis in die Waagrechte gestreckt. Zur Verbesserung der Körperspannung ist es besser, die Fußspitzen an den Körper heranzuziehen.
Dauer: Statisch 15 – 20 sek. Haltezeit.
Variation: Beine spreizen.
Fehler: Zu geringe Körperspannung; Kopf wird in den Nacken genommen.

*Abb. 46*

**Übung R 14: (Abb. 47)**

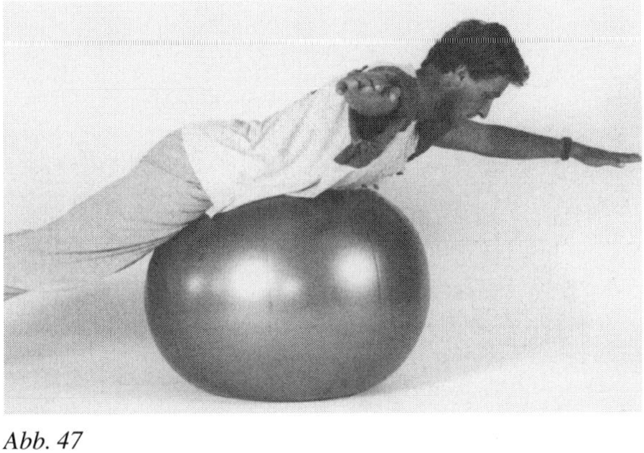

*Abb. 47*

Wirkung:
Kräftigung Rücken- und Schultermuskulatur.
Ausführung:
In der Bauchlage mit gestreckten, breit abgestützten Beinen wird über verschiedene Armstellungen (Verkehrspolizist) die o. a. Muskulatur trainiert.
Dauer: Positionen jeweils 12 sek. halten.
Variation:
Zusätzliches Abheben eines Beines.
Fehler: Zu geringe Körperspannung, Kopf wird in den Nacken genommen.

**Übung R 15: (Abb. 48)**

Wirkung: Kräftigung der Gesäßmuskulatur sowie der erector spinae, Schulter- u. Ischiocruralmuskulatur.
Ausführung: In der Bauchlage auf dem Pezziball werden die entgegengesetzten Extremitäten langsam bis in die Waagrechte gestreckt.
Dauer: Jeweils 12 – 15 Wdh. bzw. 12 – 15 sek. Haltezeit bei statischer Ausführung.
Fehler: Die Fußspitze zieht nicht zum Körper und die Muskelspannung im Gesäßmuskel fehlt
Anmerkung: Eine aufgrund günstiger Hebelverhältnisse sehr schonende Übung.

*Abb. 48*

**Übung R 16: ( Abb. 49)**

Wirkung: Kräftigung der Rücken-, Schulter- und Gesäßmuskulatur.
Ausführung: In der Bauchlage werden abwechselnd die entgegesetzten Extremitäten angehoben (linker Arm, rechtes Bein und umgekehrt). Dabei muß eine gute Körperspannung aufgebaut werden, indem die Fußspitzen in der Ausgangsstellung aktiv in den Untergrund gedrückt werden und die Oberschenkel-, Gesäß- und Bauchmuskulatur angespannt wird. Die Knie dürfen nicht am Boden aufliegen. Der Blick ist auf den Boden gerichtet, die Nasenspitze berührt ihn fast.
Dauer:
20 Wdh. alternierend.

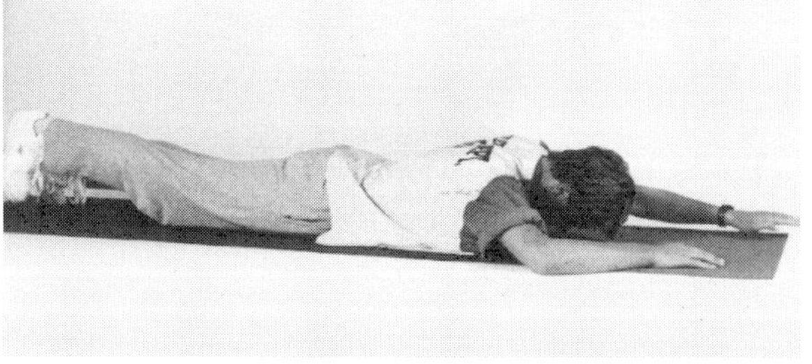

*Abb. 49*

Variation ( Abb. 50):

Übungsverstärkung durch den Gymnastikstab.
Bei Problemen mit der Bauchspannung und zu starker Hohlkreuzbildung sollte ein Kissen o.ä. unter den Bauch geschoben werden bzw. ein Bein seitlich angezogen werden (dadurch kann nicht mehr im Wechsel trainiert werden).

*Abb. 50*

Fehler (Abb. 51):

Kein Hochreißen der Extremitäten. Arme und Beine dürfen nur wenige cm angehoben werden.

*Abb. 51*

### Übung R 17: Bauchlage abgestützt (Abb. 52)

Wirkung: Eine Ganzkörperstabilisationsübung mit ähnlicher Wirkung wie Übung 15, (Abb. 48). Durch das isometrische Zusammendrücken der Hände wird außerdem die Brust- und Nackenmuskulatur gekräftigt.

Ausführung: Die Ausgangsstellung entspricht Abb. 49. Die Arme werden vom Boden abgehoben, die Hände werden vor dem Kopf ineinandergedrückt.

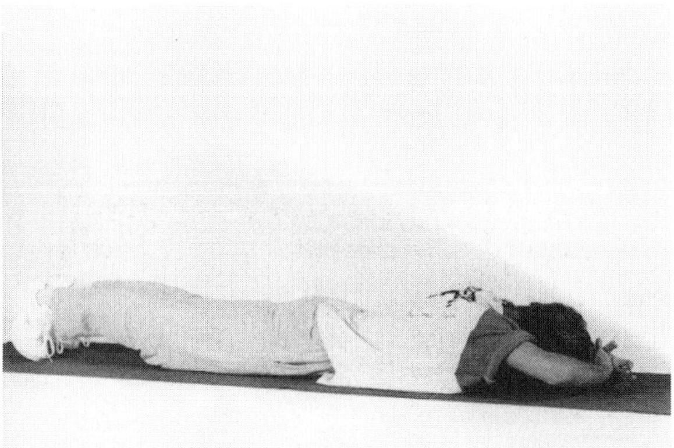

*Abb. 52*

Abb. 53, Variation: Die Hände können bspw. einen kleineren oder größeren Gymnastikball zusammenpressen.

Fehler: Preßatmung durch die statische Position und die zusätzlichen Druckarbeit. Der Schultergürtel wird mit angehoben.

*Abb. 53*

## Übung R 18: Beckenheben (Abb. 54)

Wirkung: Kräftigung der M.erector spinae, der Gesäß- u. ischiocruralen Muskulatur. Dehnung der Hüftbeuger, und des M. rectus femoris.

Ausführung: In der Rückenlage werden die Beine angewinkelt und die Füße aufgestellt. Kopf und Schultern bleiben auf dem Boden liegen, während das Becken angehoben wird, bis der Körper gestreckt ist und von Knien bis zu den Schultern eine Gerade bildet. Die Arme können beim weniger Geübten als Stütze dienen und bleiben in diesem Fall am Boden, ansonsten werden sie mit abgehoben, Handinnenflächen zeigen nach oben.

Dauer: 15 – 20 sek. Haltezeit, bzw. dynam. 20 Wdh..

Variation:
Aus dieser Position kann zur Übungsverstärkung noch zusätzlich im Wechsel ein Bein gestreckt werden, so daß die beschriebene Gerade bis zum Fuß fortgesetzt wird. Vorsicht, bei mangelnder Stabilisationsfähigkeit kommt es zum Absinken der Beckenhälfte des gestreckten Beines.

*Abb. 54*

Abb. 55: Durch das Heranziehen des freien Beines wird die Übung erschwert und der Gesäßmuskel gedehnt. Die Intensität der Übung kann durch einen flacheren Winkel des Stützbeines zum Boden verstärkt werden.

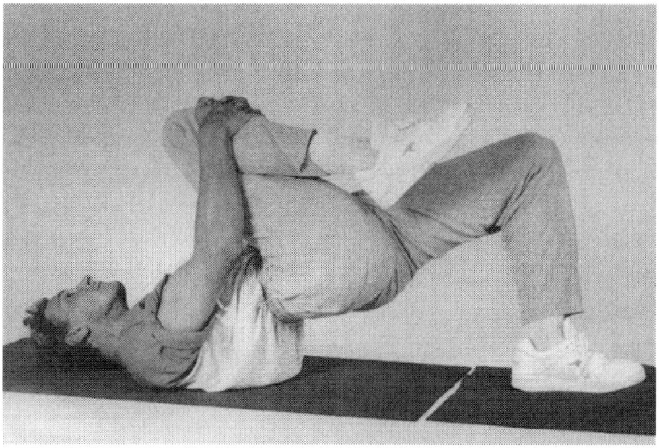

*Abb. 55*

## Übung R 19: Liegestütz rücklings (Abb. 56)

Wirkung: Ganzkörper- insbesondere Rumpfkräftigung.

Ausführung: Aus dem Langsitz wird der Körper angehoben und gestreckt, bis das Gewicht nur noch von den Händen und den Fersen abgestützt wird. Der Kopf wird gerade gehalten, die Fußspitzen zum Körper herangezogen. Durch ein starkes Anspannen der Gesäßmuskulatur wird verhindert, daß das Becken absackt.

Dauer: 12 – 15 sek. Haltezeit.

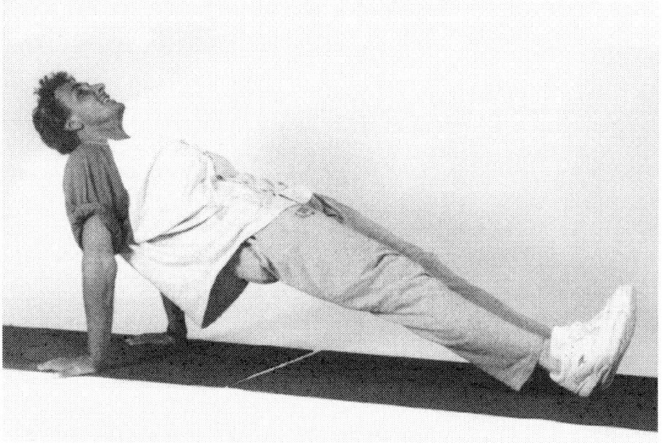

*Abb. 56*

Variation: Abb. 57 Ein Fuß wird aufgestellt, der andere gestreckt. Eine sehr anstrengende Variante, die auch Mark sichtlich Mühe macht.

Variation: Unterarmstütz rücklings.
In der Rückenlage werden die Arme angewinkelt. Man stützt sich nun auf die Unterarme und hebt langsam den Körper an, bis er gerade und gestreckt ist und nur noch auf den Unterarmen und den Fersen aufliegt.

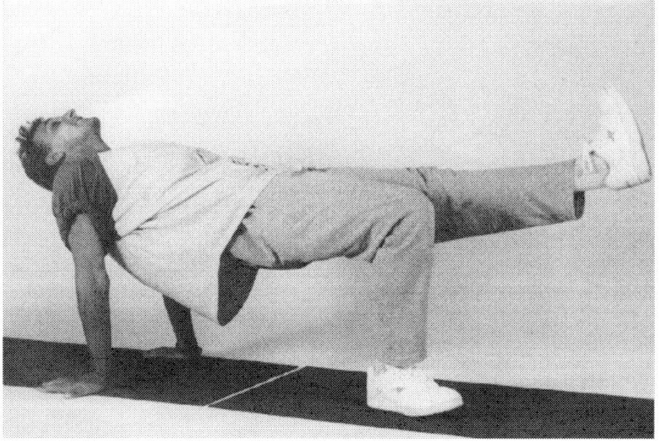

*Abb. 57*

## Übung R 20: Seitstütz (Abb. 58)

Wirkung: Kräftigung der Rumpf-, Schulter- und Armmuskulatur.
Ausführung: Aus der Seitlage wird der Körper gestreckt angehoben, bis das Gewicht auf der Hand und der Fußaußenseite aufliegt. Ideal ist die Haltung, wenn sich unter der stützenden Körperseite ein in der Spitze rechtwinkliges Dreieck bildet. Die Füße ruhen aufeinander.
Dauer: 12 – 15 sek. Haltezeit.
Variation: Wer diese Position wegen mangelnder Armmuskulatur nicht halten kann, stützt sich auf den abgewinkelten Unterarm.

Zur Übungsverstärkung kann das obere Bein leicht angehoben werden. Dadurch werden die Abduktoren mit gekräftigt. Es darf aber nicht zum Wegdrehen der oberen Beckenhälfte nach vorne oder hinten kommen.

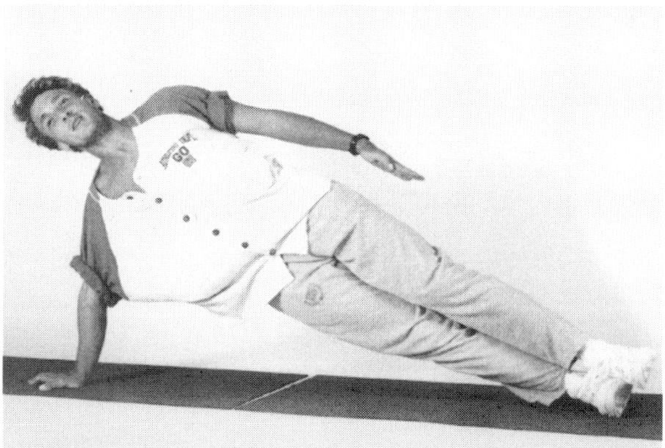

*Abb. 58*

## Übung R 21: Unterarmstütz bäuchlings (Abb. 59-61)

Wirkung: Ganzkörperstabilisation, -kräftigung.

Ausführung: Auf Knien, Ballen und Unterarmen abgestützt werden mit geradem Rücken beide Knie etwa 5 – 10 cm angehoben. Je größer der Winkel zwischen Rumpf und Oberschenkel gewählt wird, um so anstrengender und schwieriger wird es, den Rücken zu stabilisieren. Es besteht so eine gute Differenzierungsmöglichkeit bei Leistungsunterschieden in der Trainingsgruppe.

Dauer: 12 – 15 sek. statisch.

Variation: Fortgeschrittene können zur Übungsverstärkung zusätzlich noch einen Fuß anheben. Dabei sollte man darauf achten, daß es zu keinen Ausweichbewegungen im Hüftbereich kommt. (Abb. 61)

Fehler: Das Gesäß wird nach oben geschoben, die Lendenwirbelsäule hängt durch.

*Abb. 59*

*Abb. 60*

*Abb. 61*

## Übung R 22: Beinstrecken rückwärts (Abb. 62 & 63)

Wirkung: Kräftigung Gesäßmuskulatur und der tiefen Rückenstrecker.

Ausführung: Man legt sich bäuchlings etwa bis zum Hüftknochen (Hüftgelenk frei beweglich) auf einen höheren Kasten, einen Tisch oder ähnliches. Vorteilhaft ist es, wenn man sich mit den Händen seitlich festhalten kann. Nun werden die Beine langsam bis in die Waagrechte gestreckt. Die Fußspitzen ziehen zum Körper.

Fehler: Ruckartiges oder schwungvolles Absenken und Strecken.

Variation: Die Beine werden abwechselnd gestreckt (leichter). Der abgebeugte Oberschenkel drückt kräftig gegen den Kasten, um das Becken zu stabilisieren.

Zur Übungsverstärkung kann mit Gewichtsmanschetten an den Fußgelenken gearbeitet werden.

*Abb. 62*

*Abb. 63*

## Übung R 23: Extensions (Abb. 64)

Wirkung: Kräftigung der erector spinae, Gesäß- u. Ischiocruralmuskulatur.

Ausführung: Man legt sich bäuchlings auf einen höheren Kasten, einen Tisch oder ähnliches und rutscht mit dem Oberkörper so weit nach vorne, daß nur noch Unterleib und Beine auf dem Kasten aufliegen. Die Beine werden vom Partner oder durch eine entsprechende Vorrichtung (Gurt) fixiert. Der Oberkörper wird langsam abgebeugt und wieder bis zur Waagrechten angehoben.

Fehler:

- Gerade bei Übenden mit einem Hohlkreuz ist häufig zu beobachten, daß der Kopf und die Brustwirbelsäule bereits in der Waagrechten oder noch höher sind, während die Lendenwirbelsäule regelrecht durchhängt. Dabei können Rückenbeschwerden auftreten. In diesem Fall sollte die Übung noch nicht durchgeführt werden. Der Schwerpunkt liegt hier auf entsprechender Kräftigung der Bauchmuskeln und Dehnung der unteren Rückenstrecker.
- Verschränkt man die Hände hinter dem Kopf, bildet sich bei der Bewegung leicht ein Rundrücken im Brustwirbelbereich. Dann ist es besser, die Arme vor der Brust zu verschränken und beim Anheben des Körpers in die Waagrechte die Ellenbogen bewußt nach außen oben zu schieben, um damit die Schulterblätter zu stabilisieren und so diese Rundrückenhaltung zu verhindern.

Anmerkung:

- Zum Training der Rückenstrecker ist es effizienter, die Fixierung der Beine im Bereich der Oberschenkel vorzunehmen. Wird direkt oberhalb der Ferse fixiert, greift die ischiocrurale Muskulatur stark in den Bewegungsablauf ein.
- Manche Autoren (vor allem aus dem krankengymnastischen Bereich) sehen in dieser Übung einen wahren Bandscheibenkiller und eine Gefährdung insbesondere der kleinen Wirbelgelenke. Dieser Vorwurf ist bei allen Übungen mit freischwebendem Oberkörper schwer zu entkräften, obwohl andere diese Übung für völlig unproblematisch halten. Nach unseren Erfahrungen trifft der Vorwurf bei falscher Übungsausführung zu. Vorgeschädigte Personen sollten auf andere Übungen zurückgreifen.

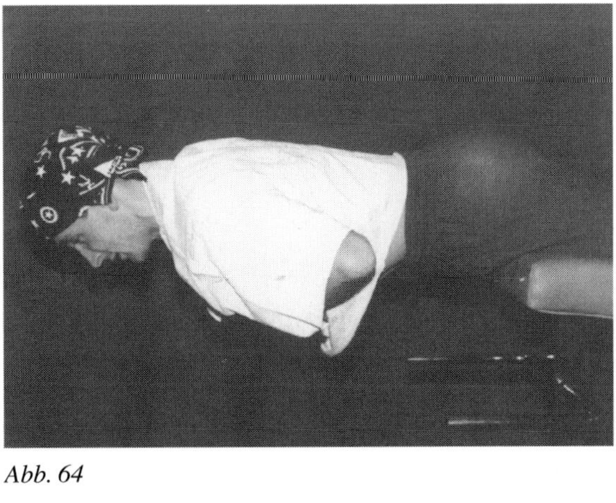

*Abb. 64*

Variation 1: (Abb. 65)

Anmerkung: Eine sehr positive Weiterentwicklung der normalen Hyperextensionbank ist dieser, an drei Teilen verstellbare Rückentrainer, bei dem man mit angewinkelten Knien und abgestützten Füßen trainiert. Die Körperspannung in diesem geschlossenen System ist deutlich besser und die Gefahr einer Hyperlordosierung besteht praktisch nicht mehr.

Wirkung: Kräftigung der Rückenmuskulatur, insbesondere der Rückenstrecker.

Ausführung: Je nach Trainings- oder Gesundheitszustand wird der Oberkörper nach vorne abgebeugt und langsam wieder bis zur Streckung angehoben. Die Wirbelsäule kann dabei in sich gerade bleiben oder – zum besseren Training der kleinen Zwischenwirbelmuskeln – abgebeugt werden und Wirbel für Wirbel, mit der Lendenwirbelsäule beginnend, aufgerichtet werden. Bei bestehenden degenerativen Veränderungen ist es unter Umständen erforderlich, statisch zu arbeiten, d.h. der Körper bewegt sich überhaupt nicht.

*Abb. 65*

Variation 2: (Abb. 66)

Durch Zuhilfenahme eines Stabes, der langsam auf Kopfhöhe geführt wird bzw. durch Veränderung der Armstellung (abwechselndes Strecken nach vorne oder zur Seite) läßt sich die Belastung verstärken.

Fehler: Ruckartiges Abbeugen und anschließendes nach oben Beschleunigen kann selbst an diesem Gerät Schädigungen im Bereich der Lendenwirbelsäule hervorrufen und ist selbstverständlich zu vermeiden. Eine langsame, betont kontrollierte Ausführung ist bei Bewegungen mit freiliegendem Oberkörper Pflicht.
Zur Korrektur eines im Brustwirbelbereich häufig auftretenden Rundrückens können die Ellbogen bei der Streckung nach hinten oben geschoben werden. Der Kopf darf nicht in den Nacken genommen werden. Man sollte das Kinn etwas zurücknehmen (Doppelkinn machen), um die Halswirbelsäule zu strecken.

*Abb. 66*

## Übung R 24, Abb. 67: Klimmzüge

Anmerkung: Klimmzüge in allen Variationen sind eine passende Grundübung zur Entwicklung einer guten Rückenmuskulatur. Möglichkeiten dafür gibt es zur Genüge, in der Turnhalle, auf Spielplätzen, an der Teppichstange im Garten etc.. Für viele sind Klimmzüge zu anstrengend. Man kann mit Partnerhilfe arbeiten oder am Reck die Stange tiefer hängen (knapp unter Brusthöhe) und Klimmzügen in Schräglage ausführen lassen. Der Körper ist dabei starr wie ein Brett, und nur die Fersen sind am Boden. Nun zieht man mit fast doppelt schulterbreitem Griff die Brust Richtung Stange. Es gibt Klimmzugapparate mit Gegengewicht, an denen man diese Übung vorbereitend mit weniger als dem Körpergewicht ausführen kann.

*Abb. 67*

## Übung R 25: Latissimusziehen (Abb. 68 & 69)

Wirkung:
Obere Rückenmuskulatur, Armbeuger, Schultern.
Ausführung:
Sehr gute Möglichkeiten bietet das Training an einer Zugmaschine. Gute Geräte verfügen über eine Sitzmöglichkeit mit Oberschenkelfixierung, die Übung ist aber auch im Knien möglich, wenn der Sitz fehlt. Die Zugstange wird etwa doppelt schulterbreit gegriffen und auf die Brust oder in den Nacken gezogen. Bei einem starken Rundrücken ist es unter Umständen angezeigt, die Stange nach vorne auf die Brust zu ziehen. Dabei ist zu beachten, daß die Stange möglichst nahe am Kopf entlanggezogen wird. Der Oberkörper ist dabei in sich gerade, der Kopf leicht nach vorne geneigt. Wird die Übung im Sitzen ausgeführt, sollte das Becken leicht nach vorne gekippt werden.

*Abb. 68*

Fehler:
- fehlende Schulterblattspannung (erkennbar am nach vorne hängenden Schultergürtel);
- Ellenbogen und Schulterblätter werden nicht gerade nach unten gezogen.

*Abb. 69*

## Übung R 26: Bankziehen (Abb. 70 & 71)

Wirkung: Kräfigung der Rücken-, Schulter- und Armbeugemuskulatur.

Ausführung: Bäuchlings auf einer höheren Bank o.ä. liegend, zieht man eine Langhantel oder 2 Kurzhanteln mit schulterbreitem Obergriff nach oben gegen die Bank.

Variation: Enger Griff trainiert die äußere Rückenmuskulatur, weiter Griff die hintere Schulter- und innere Rückenmuskulatur.

Fehler: Der Kopf wird in den Nacken genommen und der Oberkörper beim Hochziehen der Hantel(n) angehoben.

Anmerkung: Ein zusammengerolltes Handtuch o.ä. verhindert ein Überstrecken der Wirbelsäule.

*Abb. 70*

*Abb. 71*

Variation: (Abb. 72)

Vorsicht: Ohne Bank, in der Vorbeuge ist diese Übung aufgrund vieler Schädigungsmöglichkeiten für den Rücken ausschließlich nicht vorgeschädigten Fortgeschrittenen anzuraten. Optimal sind sogenannte Stufenbänke, die eine Bauchlage mit Hüft- und Kniewinkel ermöglichen und so vor einer Hyperlordosierung schützen.

Ausführung: Mit gebeugten Knien, in sich geradem Rücken und abgestütztem Kopf wird die Langhantel zum Bauch gezogen.

*Abb. 72*

## Übung R 27: Kreuzheben

Eine ausgezeichnete, aber koordinativ hochstehende Übung ist das Kreuzheben. Dabei werden relativ viele Muskeln belastet, man kann fast von einer Ganzkörperübung sprechen.

Bei korrekter Ausführung ist sie für die Rückenmuskulatur, besonders für die Muskelstränge, die an beiden Seiten der Wirbelsäule entlanglaufen und die nach längerem Training die Wirbelsäule gut einbetten, von Bedeutung. Mittrainiert werden auch die tieferliegenden Muskeln, die für die Bewegung und Stabilisierung von Wirbeln und Bandscheiben, besonders im Lendenbereich, eine wichtige Rolle spielen.

Für Ungeübte oder Heranwachsende ist diese Übung aufgrund der vielen Fehlermöglichkeiten nicht zu empfehlen.

Ausführung: Man stellt sich dicht vor eine Langhantel, mit den Fußspitzen am besten darunter. Um in die richtige Ausgangsstellung zu gelangen, muß die Hantelstange einen bestimmten Abstand vom Boden haben. Es gibt genormte Hantelscheiben mit großem Durchmesser; stehen solche nicht zur Verfügung oder sind sie zu schwer, muß die Hantelstange auf eine Unterlage (z.B. Holzklötze) gelegt werden.

Die Hüfte und die Knie werden gebeugt, bis sich Knie und Hüfte auf gleicher Höhe befinden, der Rücken gerade ist und der Oberkörper einen Winkel von 45 Grad zum Boden hat. Die Hantelstange wird mit gestreckten Armen etwa schulterbreit im Kammgriff (Handaußenfläche zeigt nach oben) gefaßt. Häufig sieht man auch die gemischte Griffhaltung, d.h. eine Hand umfaßt die Stange von oben und die andere von unten, was bei höheren Gewichten von Vorteil ist, weil es dem Herausrutschen des Gewichts entgegenwirkt. Durch die Streckung von Knie und Hüftgelenk wird die Hantel angehoben, bis man aufrecht steht. Wichtig ist, daß die Hantelstange die ganze Zeit so nahe wie möglich am Körper entlanggeführt wird. Die Arme bleiben dabei gestreckt. Der Kopf steuert die Bewegung, er wird insbesondere bei Übungsbeginn bewußt nach oben genommen, um einen runden Rücken zu vermeiden und eine daraus resultierende höhere Bandscheibenbelastung zu vermeiden.

*Abb. R 27a:*
*Olympiasieger Michael Steinbach beim Kreuzheben*

*Abb. R 27b*

*Abb. R 27c*

**Übung R 28:**
**(Abb. 73-75)**

Wirkung:
Kräftigung erector spinae, m. latissimus dorsi.

Ausführung:
Aus dem Kniestand wird der Rumpf aufgerichtet, ohne daß sich die Winkel im Bein- und Beckenbereich ändern.

Variation:
Zur Übungsverstärkung können die Hände neben dem Kopf gehalten werden.

*Abb. 73*

*Abb. 74*

*Abb. 75*

## Übung R 29: Rudern einarmig (Abb. 76 & 77)

Wirkung: Kräftigung insbesondere des m. latissimus dorsi.

Ausführung: Aufgestützt auf eine Bank o.ä. wird eine Kurzhantel gleichmäßig bis auf Rumpfhöhe gezogen. Der Rücken muß dabei ganz gerade gehalten werden. Ein etwas seitlich ausgestelltes Standbein stabilisiert die Trainingshaltung.

Fehler: Der Kopf wird in den Nacken genommen und die Stellung des Oberkörpers verändert sich bei der Bewegung

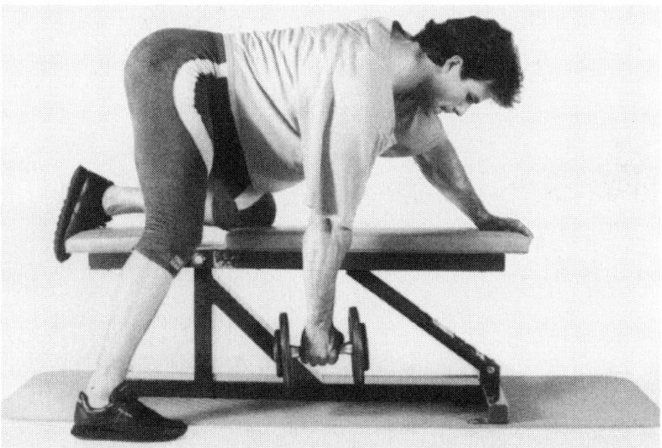

*Abb. 76*

*Abb. 77*

**Übung R 30: Rückenstrecker-Maschine (Abb. 78 & 79)**

Wirkung: Kräftigung erector spinae, lange Rückenstrecker.

Ausführung: Mit angewinkelten Knien wird der gerade Oberkörper gegen den Widerstand der Rolle nach hinten geschoben. Der Abstand zwischen Rippenbogen und Beckenkamm muß beim Nachhintendrücken und bei der Bewegung nach vorne stets gleich sein. Die Beugung und Streckung findet im Hüftgelenk statt, der Rücken bleibt in sich gerade, so wie es bei Alltagsbewegungen wie Bücken etc. auch sein sollte. Anfänger sollten nur mit einer kleinen Amplitude trainieren.

Dauer: 15 – 20 Wdh. bzw. 20 sek. Haltearbeit in aufrechter Position.

Fehler:
- Oberschenkel werden gestreckt;
- Kopf wird in den Nacken genommen;
- Einsinken im Bereich des Bauchnabels.

Anmerkung: Ideal ist ein seitlich aufgestellter Spiegel zur Überprüfung der Haltung.

*Abb. 78*

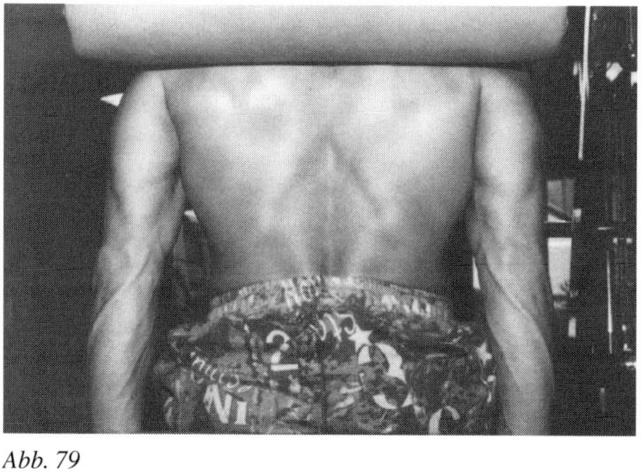

*Abb. 79*

## Übung R 31: Rückenisolator Maschine (Abb. 80 & 81)

Wirkung: Bei breitem Griff mit hohen Ellenbogen wird der rückwärtige Anteil der Schultermuskulatur (m.deltoideus posterior) sowie die Schulterblattfixatoren gekräftigt.
Bei engem Griff mit tiefem Ellenbogen wird in erster Linie der breite Rückenmuskel (m. latissimus dorsi) trainiert.

Ausführung: Die Griffe werden mit aufgerichtetem Oberkörper nach hinten gezogen, ohne daß sich die Brust vom Polster löst.

Dauer: 12 – 15 Wdh..

Variation: Griffhaltung, Ellbogenstellung.

Anmerkung: Zur besseren Konzentration auf die Rückenmuskulatur sollte nur mit wenig Gewicht gearbeitet werden. Bei korrekter, langsamer Ausführung öffnen sich beim Vorführen die Schulterblätter und beim Heranziehen nähern sie sich.

*Abb. 80*

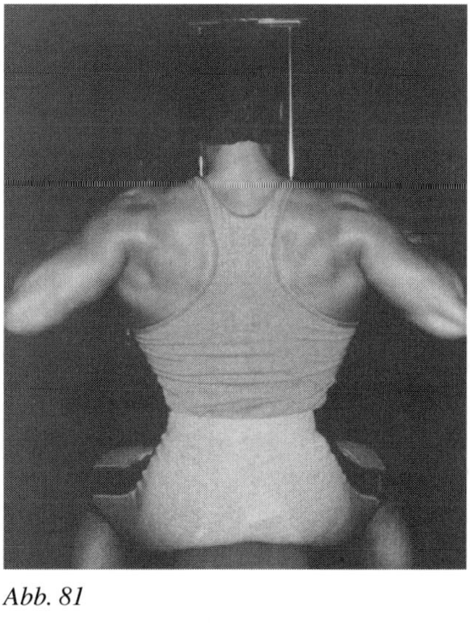

*Abb. 81*

## 10.3 Schultermuskulatur

### Anatomie

Der eigentliche Schultermuskel ist der Deltamuskel (m. deltoideus).

Ursprung: Von der Schulterhöhe und vom Schlüsselbein.
Ansatz: An einer Rauhigkeit am oberen Drittel des Oberarms.
Funktion: Er setzt sich aus drei Teilen zusammen, einem vorderen, mittleren und hinteren Kopf (pars clavicularis, acromialis, spinalis). Der vordere Kopf hebt den Arm nach vorne hoch, der mittlere hebt ihn zur Seite bis zur Waagerechten, der hintere hebt den Arm nach hinten oben, was besonders deutlich wird, wenn sich der Oberkörper in der Vorbeuge befindet. (Abduktion, Anteflexion u. Retroflexion, Außen- u. Innenrotation)

### Funktion der Schultermuskulatur

Die Schulter ist ein komplexes Gebilde, es ist von allen Gelenken mit dem größten Bewegungsspielraum ausgestattet. Der Nachteil dieser hohen Mobilität: Der Schulterbereich ist sehr instabil und damit sehr verletzungsanfällig, weil Skelettanteile und straffe Bandsicherung zurücktreten. Deshalb kommt dem Stützorgan Muskulatur gerade bei der optimalen Funktion des Schultergelenks eine große Bedeutung zu.

Besonders bei Sportarten, in denen Überkopfarbeit eine Rolle spielt, geworfen oder geschlagen wird, ist die Gefahr von Verletzungen oder auch degenerativen Schäden groß. Durch den Tennisboom boomen auch die Schulter-Arm-Beschwerden. Gut trainierte Muskeln müssen dieses Gelenk ummanteln, um Beschwerden vorzubeugen.

Damit ein möglichst hohes Funktionsniveau der Schultermuskulatur gewährleistet ist, sollten Kräftigungsübungen mit Dehnübungen kombiniert werden. Bei allen Übungen für die Schultermuskulatur sollte man auf vorheriges intensives Aufwärmen achten und nur mit leichten Zusatzgewichten arbeiten.

## Trainingsformen für die Schultermuskulatur

### Übung S 32: (Abb. 82 & 83)

Ziel: Kräftigung der Außenrotatoren, ein sehr vernachlässigter Muskel, weswegen häufig Schulter-Arm-Schmerzen auftreten. Besonders wichtig in Sportarten, die eine Wurf- oder Schlagkomponente (Handball, Tennis) mit Rotation im Schultergelenk haben.

Ausführung: Aus der Seitlage, Oberarm liegt am Rumpf an, Unterarm ist zu 90° abgewinkelt und wird vor dem Rumpf gehalten, wird die Hantel bis zur Waagrechten angehoben und wieder in die Ausgangsposition abgesenkt. Der Rumpf bleibt unbewegt. Langsam und vorsichtig üben, mit kleiner Amplitude beginnen.

Variation:
Gewicht reduzieren bzw. erhöhen.

Fehler:
- Die Halswirbelsäule wird zu stark abgewinkelt (Haltungsfehler, auf dem Bild nicht ideal).
- Die Hantel wird mit den Deltamuskeln angehoben. Das läßt sich vermeiden, indem man den Oberarm bewußt fixiert. Nur dann ist die Übung für die Rotatoren relevant.

*Abb. 82*

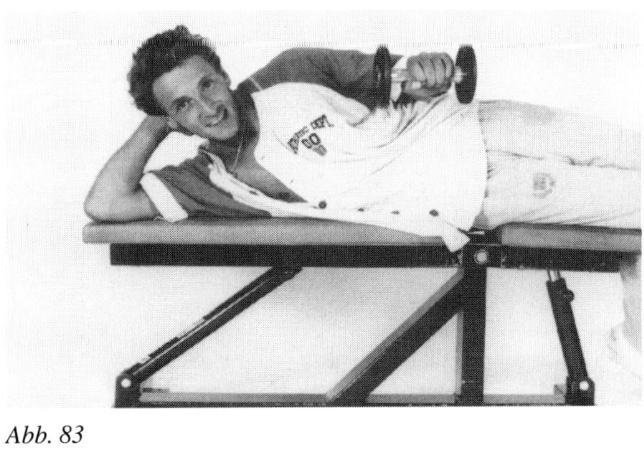

*Abb. 83*

## Übung S 33: Frontheben (Abb. 84)

*Abb. 84*

Wirkung:
Kräftigung des m. deltoideus (pars clavicularis).
Ausführung:
Man nimmt in jede Hand eine Kurzhantel bzw. Zusatzlast und hält sie mit fast gestreckten Armen seitlich neben dem Körper. Nun werden abwechselnd die Arme nach vorne bis in Waagrechte angehoben.
Amerkung:
Es empfiehlt sich, diese Übung im Sitzen, am besten mit Rückenlehne, auszuführen. Ist dies nicht möglich, muß im Stehen darauf geachtet werde, daß es nicht zu ausweichenden Hohlkreuzhaltungen kommt. Am besten leichte Schrittstellung einnehmen und den Oberkörper leicht nach vorne neigen, Bauch- und Rückenmuskulatur anspannen.

Variante: (Abb. 85) Frontheben kann auch an einer Zugmaschine ausgeführt werden. Die abgebildete Übung sollte wegen vieler Fehlermöglichkeiten nur von Fortgeschrittenen durchgeführt werden.

Wirkung: Kräftigung der Schulter- und Rückenmuskulatur.

Ausführung: Mit gebeugtem Knie- und Hüftgelenk wird der Griff mit fast gestreckten Armen bis zur Waagrechten angehoben. Voraussetzung für eine korrekte Ausführung sind eine gute Körperspannung und ein gerader Rücken.

*Abb. 85*

## Übung S 34: Seitheben (Abb. 86 & 87)

Wirkung: Kräftigung des m. deltoideus (pars acromialis).

Ausführung: Sitzend angelehnt werden die fast gestreckten Armen seitlich bis in die Waagrechte angehoben. Die Handaußenflächen zeigen während des gesamten Bewegungsablaufes nach oben.

Dauer: 12 Wdh. (nur dynamische Ausführung).

Fehler:
- Schwunghaftes Anheben im ersten Drittel der Bewegung;
- Drehen der Hand nach innen oder außen;
- Anheben über die Waagrechte.

*Abb. 86*

*Abb. 87*

Variante:

Zur besseren Konzentration auf den Bewegungsablauf kann die Übung auch einarmig, seitlich abgestützt ausgeführt werden (Abb. 88 & 89).

*Abb. 88*

*Abb. 89*

## Übung S 35: Schulterheben (Abb. 90 & 91)

Wirkung: Kräftigung m. trapezius (pars descendens).

Ausführung: Man nimmt in jede Hand eine Kurzhantel bzw. Zusatzlast und hält sie mit gestreckten Armen seitlich am Körper. Nun werden die Schultern angehoben, bis der Hals fast „verschwunden" ist und wieder in die Ausgangsstellung abgesenkt. Die Arme bleiben dabei gestreckt.

Dauer: 12 Wdh., nur dynamisch.

Fehler: Schultern werden fallengelassen, Anbeugen der Arme beim Anheben.

*Abb. 90*

*Abb. 91*

## Übung S 36: Nackendrücken (Abb. 92 & 93)

Wirkung: Kräftigung der Schulter- u. Armstreckmuskulatur.

Ausführung: Im Sitzen werden zwei Kurzhanteln von Augenhöhe bis zur Streckung nach oben gedrückt. Dabei drücken die Füße stark in die Unterlage und schieben den unteren Rücken kräftig gegen das Polster. Bei Überkopfarbeit ist das Beibehalten der korrekten Haltung besonders wichtig. Achten Sie auf ein nach vorne gekipptes Becken, Brustkorbhebung und Schulterblattspannung.

*Abb. 92*

*Abb. 93*

Variation:

Statt den Kurzhanteln kann auch eine Langhantel verwendet werden, die in den Nacken oder auf die Brust abgesenkt wird. Hierbei sollte allerdings ein Partner Hilfestellung leisten. (Abb. 94 & 95): Für das Training an der Maschine gelten die genannten Kriterien.

Auf einer Bank (am besten mit Rückenlehne) sitzend wird ein Stab (Hantelstange, Reckstange) in den Nacken gesenkt und bis zur Streckung der Arme nach oben gedrückt.

Besonderes Augenmerk sollte wieder auf Schulterblattspannung und ein stabilisiertes Becken gelegt werden.

*Abb. 94*

*Abb. 95*

## Übung S 37: Rückführen am Kabelzug (Abb. 96)

Wirkung: Kräftigung m. deltoideus (pars spinalis), m. trapezius (pars transversa, ascendens).

Ausführung: Man faßt am Kabelzug (Duplex) die Griffe vor der Brust überkreuz und zieht sie bogenförmig nach seitlich hinten, bis die Arme fast gestreckt sind. Der Körper bewegt sich nicht, Rücken- und Bauchmuskulatur sind angespannt.

Fehler: Die Arme werden zu stark gebeugt und die Streckung erfolgt durch den m. triceps.

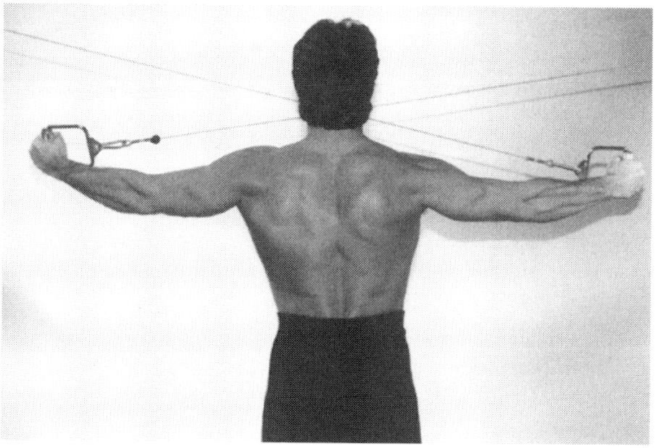

*Abb. 96*

## 10.4 Oberschenkel- und Gesäßmuskulatur

### Funktion der Oberschenkel- und Gesäßmuskulatur

Die Beine werden von allen Körperteilen bei Alltagsbewegungen noch am ehesten beansprucht. Beim Spazierengehen, Wandern, Treppensteigen, Laufen, Fahrradfahren, Spielen und Tanzen wird die Muskulatur der Oberschenkel und Waden belastet.

Beinkraft ist die Voraussetzung für fast alle sportlichen Leistungen, aber auch bei alltäglichen Arbeiten, beim Bücken, An- oder Aufheben von Gegenständen sind die Muskeln der Oberschenkel wichtig, denn die Bereitschaft, diese Tätigkeiten korrekt auszuführen, nämlich mit geradem Rücken in die Knie zu gehen, ist weitestgehend vom Trainingszustand der Oberschenkelmuskeln abhängig. Die Abschwächungsneigung der Gesäßmuskulatur wird, wenn dem nicht durch Training entgegengewirkt wird, in Verbindung mit verkürzten Hüftbeugern, das Becken kippen lassen und kann Beschwerden an der Lendenwirbelsäule verursachen.

### Anatomie

- Vierköpfiger Beinstrecker (m. quadriceps femoris).

Dies ist mit der größte Muskel des menschlichen Körpers, er wirkt zweigelenkig, streckt das Bein und beugt das Hüftgelenk. Er besteht aus dem geraden, inneren, äußeren und mittleren Schenkelmuskel.

- Zweiköpfiger Beinbeuger (m. biceps femoris).

Dieser Muskel wirkt zweigelenkig, beugt das Bein und richtet bei fixiertem Bein das Becken auf. Er ist außerdem für die Aufwärtskreisung des Unterschenkels verantwortlich.

- Großer, mittlerer, kleiner Gesäßmuskel (m. glutaeus maximus, medius, minimus).

Der große Gesäßmuskel streckt das Bein im Hüftgelenk, verhindert das Kippen des Oberkörpers nach vorne und führt das abgespreizte Bein an den Körper heran. Die beiden anderen Gesäßmuskeln bewirken das Abspreizen des Beines.

- Adduktoren und Abduktoren

- Platt- und Halbsehnenmuskel (m. semimembranosus u. m. semitendi- nosus).

## Trainingsformen für die Oberschenkel- und Gesäßmuskulatur

### Übung O 38: Beinstrecken (Abb. 97)

Wirkung:
Kräftigung der Beinstreckmuskulatur (m. quadriceps femoris) und hier insbesondere des medialen und lateralen Anteils. Der m. vastus medialis spielt für das richtige Gleiten der Kniescheibe eine wichtige Rolle. Eine Veränderung der Fußstellung, durch starkes Drehen der Fußspitze nach innen oder außen, um die Wirkung mehr nach medial oder lateral zu verlagern, ist im Hinblick auf das Hüftgelenk zu unterlassen und außerdem per Elektromyogramm nicht zu beweisen.
Ausführung:
Das Gerät wird entsprechend der Oberschenkel- und Unterschenkellänge individuell eingestellt. Voraussetzung dafür ist eine anpaßbare Rückenlehne und ein in der Höhe verstellbares Unterschenkelpolster. Das Kniegelenk sollte auf Höhe des Gerätegelenks sein, das ist meistens dann der Fall, wenn zwischen Kniekehle und Polster kein Zwischenraum mehr ist. Das Bein wird bis zur Waagrechten gestreckt.

Variation:
- Veränderung der Gewichtsauflage.
- Wurde ein Bein durch Gips o.ä. über längere Zeit ruhiggestellt, kann die einbeinige Ausführung von Vorteil sein, um die atrophierte Muskulatur gezielter aufzutrainieren.
- Die Übung ist auch gegen den Partnerwiderstand möglich.

Fehler:
Die negative, exzentrische Phase wird beim Gerätetraining allgemein und besonders beim Beinstrecker vernachlässigt. Statt diese Phase langsam und unter Muskelspannung kontrolliert auszuführen, wird oft schwunghaft abgesenkt und der Abbremsvorgang den Sehnen zugemutet, um aus dieser Sehnenvorspannung schwungvoll die nächste Bewegung beginnen zu können. Durch diese Beschleunigung des Widerstandes im ersten Drittel der Bewegung wird die eigentlich entscheidende Reizsetzung für den Muskel im letzten Drittel der

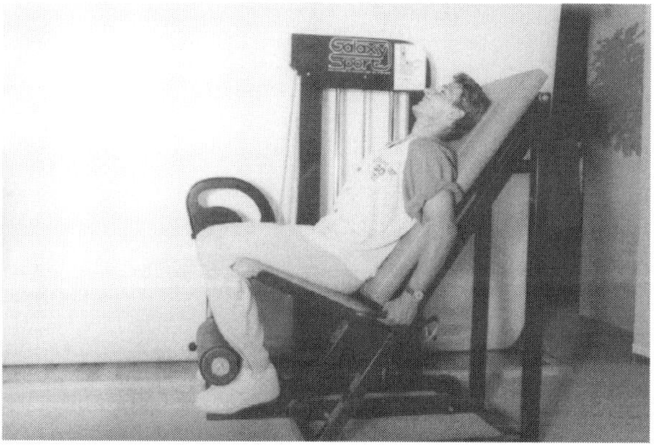

*Abb. 97*

Streckung verschenkt. Darüber hinaus ist eine erhöhte Gewichtsauflage möglich, was eine potenzierte Fehlbelastung der passiven Strukturen des Stützapparates darstellt.
Besonderheiten:
Gute Geräte lassen sich so einstellen, daß in unterschiedlicher Winkelstellung begonnen werden kann. Dies ist entscheidend in der Rehabilitation, wenn der Arzt eine Beugung von bspw. 20° Grad zuläßt. In der abgebildeten Weise ist der Hebel für die Kreuzbänder nicht ideal. Für Kreuzbandpatienten ist deshalb der Beinstrecker nicht geeignet. Bei Abnutzungserscheinungen der Rückseite der Kniescheibe (chondropathie patellae) sollte die Übung ebenfalls nicht ausgeführt werden.

## Übung O 39: Beinbeugen (Abb. 98)

Wirkung: Kräftigung des Hauptbeinbeugers (m. biceps femoris) sowie seiner Hilfsmuskeln (m. semitendinosus und m. semimembranosus).

Ausführung: Beim Anbeugen der Beine ist unbedingt darauf zu achten, daß sich das Gesäß nicht mit nach oben bewegt. Eine abgewinkelte Liegefläche verhindert eine Hyperlordosierung. Bei einer flachen Bank kann man sich mit einem Hüftpolster in Form eines zusammengerollten Handtuchs o.ä. behelfen. Die Kniescheibe sollte nicht auf der Bank aufliegen. Beim Rückführen des Widerstandes sollte darauf geachtet werden, daß am Ende der Bewegung ein leichter Kniewinkel beibehalten wird. Die Übung ist auch gegen den Partnerwiderstand möglich.

Dauer: 12 – 15 Wdh..

*Abb. 98*

### Übung O 40: Beinpressen (Abb. 99 & 100)

Beinpressen an der Maschine wirkt ähnlich wie Kniebeugen, nur der Rücken wird dabei weitgehend entlastet und die Hüftstreckmuskulatur weniger in die Übung miteinbezogen.

Im Sitzen wird mit den Beinen der Widerstand je nach Gerätetyp nach vorne oder schräg nach oben gedrückt. Die Füße sollten dabei etwa hüftbreit auseinander sein, Fußspitze, Knie und Hüftknochen bilden eine Linie. Beim Strecken der Beine soll es nicht ganz zum Gelenkschluß kommen, beim Beugen der Beine ist es sinnvoll, einen 90°-Winkel zwischen Ober- und Unterschenkel nicht zu überschreiten, da der Anpreßdruck der Kniescheibe auf den Gelenkkopf des Oberschenkelknochens sonst zu groß wird und die Gefahr einer Schädigung der Kniescheibenrückseite besteht. Auch der Rücken kann bei stärkerem Anbeugen nicht mehr gerade gehalten werden.

*Abb. 99*

*Abb. 100*

## Übung O 41: Kniebeuge (Abb. 101)

Wirkung: Kräftigung der Oberschenkel-, Gesäß- und unteren Rückenmuskulatur.

Ausführung: Eine der bekanntesten Übungen ist zweifellos die Kniebeuge. Die Füße stehen etwa schulterbreit, die Fußspitzen zeigen leicht nach außen. Langsam in die Hocke absenken, bis das Gesäß auf Kniehöhe ist. Dabei bleibt der ganze Fuß auf dem Boden. Ist dies nicht möglich, dann liegen Verkürzungen der Adduktoren und der Beinrückseite vor. In diesem Fall muß ein Keil unter die Fersen geschoben werden. Durch regelmäßiges Dehnen der Beinrückseite kann bald auf die Fersenunterlage verzichtet werden und es fällt leichter, den Rücken bei der Übung gerade zu halten.

Anmerkung: Problematisch im Freizeit- und Breitensport sind Kniebeugen mit Zusatzlast, sprich Langhantel im Nacken. Vielfältige Fehlermöglichkeiten erfordern eine lange Technikschulung mit geringen Gewichten (Besenstiel). Der Anfänger beginnt am besten mit einer Viertelkniebeuge und steigert seine Bewegungsamplitude mit zunehmender Sicherheit und Körperspannung bis zur halben Kniebeuge. Tiefkniebeugen (Winkel zwischen Ober- u. Unterschenkel kleiner als 90°) sollten dem Leistungssport vorbehalten bleiben.

*Abb. 101*

Variation 1: Kniebeuge mit Kurzhanteln (Abb. 102 & 103)

Variation 2: Kniebeuge einbeinig.
Eine Abwandlung zur vorangegangenen Übung stellt die einbeinige Kniebeuge dar. Ein Bein wird dabei nach hinten angewinkelt oder (schwieriger) nach vorne gestreckt. Mit dem anderen versucht man, soweit wie möglich, in die Hocke abzusenken. Der ganze Fuß sollte auf dem Boden bleiben, der Rücken in sich gerade sein. Die Übung stellt hohe Anforderungen an das Balancegefühl. Es ist von daher für weniger Geübte empfehlenswert, sich mit einer Hand am Partner (Wand, Stange o.ä.) abzustützen.
Fehler:
Ausweichbewegung im Kniegelenk.

*Abb. 102*

Variation 3: Kniebeuge statisch.
Die statische Kniebeuge ist eine beliebte Skifahrerübung. Man lehnt sich mit dem Rücken an die Wand, Hinterkopf, Schulterblätter und Gesäß drücken gegen die Wand, Oberschenkel bilden mit dem Rumpf und Unterschenkel mit den Oberschenkeln rechte Winkel.

Diese Position wird bis zur Muskelermüdung gehalten. Die Übung ist aufgrund ihrer punktuell auf den Knorpel wirkenden Belastung nicht optimal und sollte, wenn überhaupt, dann nur gut aufgewärmt durchgeführt werden. Probleme mit der Kniescheibe entstehen hauptsächlich dann, wenn nach langer Unterforderung eine plötzliche Überbelastung auftritt. Dynamischen Übungen sollte grundsätzlich der Vorzug gegeben werden.

*Abb. 103*

## Übung O 42: (Abb. 104)

Wirkung: Kräftigung Oberschenkel- u. Gesäßmuskulatur, Haltungsschulung.

Ausführung: Auf dem Pezziball sitzend wird das Gesäß mit geradem Rücken wenige cm angehoben und wieder abgesetzt.
Achtung: Nur soweit aufstehen, daß der Ball noch leicht berührt wird und nicht wegrollen kann. Die Hände können vor der Brust überkreuzt (leichter) oder nach oben gestreckt (schwerer) werden.

*Abb. 104*

## Übung O 43: Stepübung (Abb. 105 & 106)

Wirkung: Kräftigung der Gesäß- und Oberschenkelmuskulatur.

Ausführung: Man steigt mit dem linken Fuß auf eine Bank o. ä. und drückt sich durch Streckung im Hüft- und Kniegelenk nach oben. Der rechte Fuß wird neben den linken gestellt, dann der rechte Fuß langsam wieder auf den Boden gesetzt und die Übung in dieser Form bis zur Ermüdung wiederholt. Der Abdruck sollte hauptsächlich aus der Ferse erfolgen und nicht aus dem Ballen, sonst wird das Knie stark belastet.

Variation: Rechten und linken Fuß- abwechselnd zurückstellen (leichter).

Mit zunehmender Leistungsfähigkeit entweder höhere Bänke oder Kästen verwenden und/oder Zusatzgewichte verwenden.

Fehler: Rücken wird nicht gerade gehalten, Ausweichbewegung im Kniegelenk.

*Abb. 105*

*Abb. 106*

## Übung O 44: Rückbeugen aus Kniestand

Wirkung: Kräftigung des Beinstreckers (m. quadriceps).

Ausführung: Aus dem Kniestand (auf eine adäquate Unterlage achten) wird der Körper langsam und kerzengerade ein kleines Stück nach hinten geschoben. Bauch- und Rückenmuskulatur sind dabei angespannt. Nun wieder bis in die Senkrechte zurückbewegen, ohne daß sich der Hüftwinkel ändert.

Fehler: Hohlkreuzbildung durch zuwenig Beckenstabilisation und zu starkes Zurücknehmen des Kopfes und der Brustwirbelsäule.

## Übung O 45: Vorbeugen aus Kniestand

Wirkung: Kräftigung der Beinbeuger (m. ischiocrurales).

Ausführung: Aus dem Kniestand (auf adäquate Unterlage achten), der Partner fixiert die Unterschenkel, wird der Körper langsam und kerzengerade nach vorne geschoben. Bauch- u. Rückenmuskulatur sind dabei angespannt. Nun wieder bis in die Senkrechte zurückbewegen, ohne daß Ausweichbewegungen im Rumpfbereich auftreten.

Anmerkung: Bei dieser Übungsform kommt es häufig zu Verkrampfungen der Muskulatur.

**Übung O 46: (Abb. 107 & 108)**

Wirkung: Kräftigung der Abduktoren.

Ausführung: Aus der Seitlage wird das oben liegende Bein gestreckt angehoben. Das untere bleibt angewinkelt am Boden liegen. Ein Abknicken in der Hüfte ist zu vermeiden, die Fußspitze sollte zur Verbesserung der Körperspannung herangezogen werden.

Variation: Zur Erleichterung wird das obere Bein auch gebeugt.

Fehler: Die Fußspitze und nicht die Ferse zieht nach oben.

*Abb. 107*

*Abb. 108*

**Übung O 47:**

Wirkung: Kräftigung der Adduktoren.
Ausführung: Die gleiche Ausgangsstellung wie bei der vorangegangenen Übung, nur dieses Mal wird das untere Bein trainiert. Dazu beugt man das rechte Knie und setzt den rechten Fuß vor das linke Knie auf den Boden. Nun hebt man das gestreckte linke Bein an.
Variation:
Kräftigung der Abduktoren und Adduktoren als Partnerübung.
Die Partner legen sich rücklings auf den Boden und strecken sich die Füße entgegen. Der Oberkörper ist leicht angehoben, die Ellenbogen aufgestützt. Der Partner drückt mit den Innenseiten seiner Füße von außen gegen die Knöchel. Nun versucht A, gegen diesen Widerstand die Beine zu spreizen. Ist A am äußersten Punkt angelangt, muß B gegen den Druck von A die Beine zusammenzubringen.

Aufgrund einer evtl. auftretenden Scherbelastung im Knie ist bei Problemen im Kniegelenk besser die Übung mit angewinkelten Knien zu machen. Dabei wird der Rücken gerade gehalten, die Hände stützen am Boden ab. B drückt von außen mit seinen Knien gegen die von A. Weiter wie oben beschrieben.

**Übung O 48: Abduktorenmaschine (Abb. 109)**

Bei diesem Gerät muß darauf geachtet werden, daß die Bewegung durch den Druck der Oberschenkel ausgeführt wird, um eine Scherbelastung im Kniegelenk zu vermeiden.

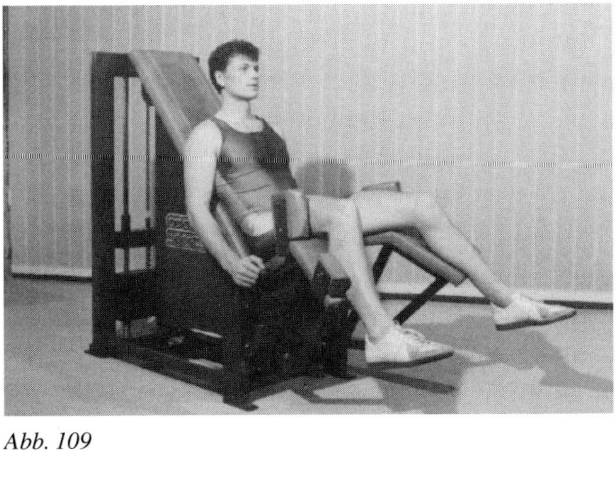

*Abb. 109*

## Übung O 49: Adduktorenmaschine (Abb. 110)

Siehe Übung 48.

Anmerkung: Die Adduktoren und die Abduktorengruppe werden in erster Linie aus kosmetischen Gründen fast nur von Frauen trainiert. Die Bedeutung dieser Muskeln für die Beckenstellung für die Haltung und für die Stabilisierung des Beines wird immer unterschätzt.

*Abb. 110*

## 10.5 Unterschenkelmuskulatur

### Anatomie

- Zwillingswadenmuskel (m. gastrocnemius).

Ursprung: Rückseite des inneren und äußeren Oberschenkelknochens.
Ansatz: Fersenbein.
Funktion: Streckung des Fußgelenks (Zehenstand), Beugung des Knies.

- Schollenmuskel (m. soleus).

Ursprung: Wadenbeinköpfchen.
Ansatz: Fersenbein.
Funktion: Streckung des Fußgelenks (Zehenstand).

### Funktion der Wadenmuskulatur

Die Wadenmuskulatur ist für die meisten alltäglichen Bewegungen wie Gehen, Laufen, Springen und vor allem für den sicheren, elastischen Ablauf dieser Grundtätigkeiten unerläßlich. Im Bereich der Fußgelenke haben wir zwar kräftige Bänder und Sehnen, aber gerade hier läßt die muskuläre Sicherung zu wünschen übrig. Das bestätigen Statistiken, nach denen Verletzungen im Sport und in der Freizeit, am häufigsten das Fußgelenk betreffen. Die Unterschenkelmuskulatur sichert die Fußgelenke und steuert die Bewegungen des Fußes; ist sie untrainiert, erhöht sich die Gefahr des Umknickens und der Überlastungsschäden, wobei Zerrungen und Dehnungen zumeist die äußeren Bänder betreffen. Die folgenden Übungen trainieren ganz gezielt die Muskeln des Unterschenkels, die vor solchen Verletzungen schützen.

### Entwicklung der Fußmuskulatur

Diese Überlegungen müssen natürlich auch im Zusammenhang mit der Fußmuskulatur gesehen werden. Ursache der Schwächung der Fußmuskulatur bei jungen Menschen sind Bewegungsarmut und Schuhe, die die Füße einsperren und Zehenaktivität verhindern, mit der Folge, daß die Fußmuskeln verkümmern. Wichtig sind gewölbeaufrichtende Übungen mittels Zehengang, Greifübungen der Zehen, wie das Ziehen eines beschwerten Handtuchs über den Boden oder das Aufheben von kleinen Gegenständen mit den Zehen. Diese Übungen können in kleine Spielformen eingebunden und so für Kinder attraktiver gestaltet werden.

## Trainingsformen für die Wadenmuskulatur

### Übung W 50: Wadenheben (Abb. 111 & 112)

Man stellt sich mit den Fußballen auf eine höhere Unterlage (Brett, Stufe etc.), die Füße hüftbreit auseinander. Die Fersen werden maximal abgesenkt, ohne daß dabei die Knie gebeugt werden und drückt sich aus dieser Position der Vordehnung in den Hochzehenstand. In Turnhallen sind Langbänke für die Übung ideal, wobei der Partner aus Gleichgewichtsgründen als Hilfestellung fungieren sollte. Zur Übungsverstärkung kann das Wadenheben auf nur einem Bein ausgeführt werden. Für das Wadentraining bieten sich natürlich auch Treppenstufen an. Besonders praktisch sind Treppen mit beidseitigem Geländer, an dem man mit den Händen einen Gegendruck zur Hebebewegung ausüben können.

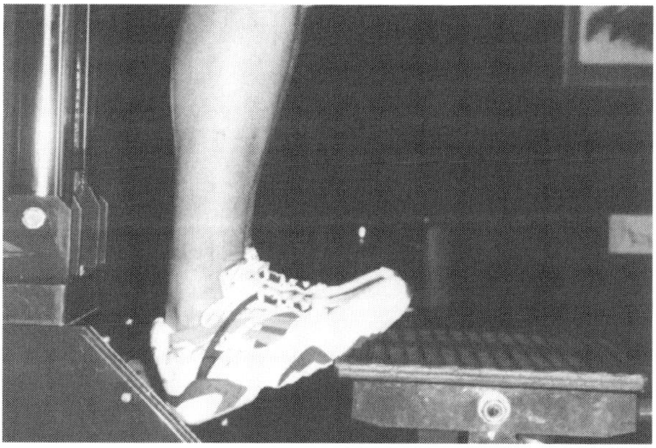

*Abb. 111*

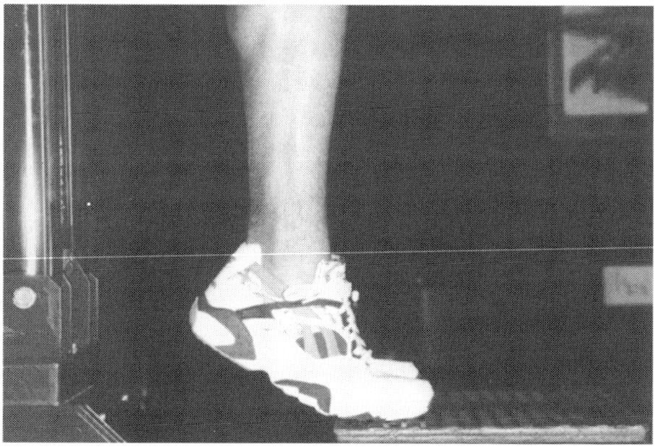

*Abb. 112*

Am besten trainiert man barfuß oder mit elastischen Gymnastikschlappen, besonders schlecht sind hohe Turnschuhe.

Variante:
Man verändert die Fußstellung, das heißt, mal zeigen die Fußspitzen nach innen und die Fersen nach außen, danach umgekehrt.

**Übung W 51: (Abb. 113)**
**Wadenheben im Sitzen**

Man kann die oben beschriebene Übung auch im Sitzen ausführen. Dabei gilt im großen und ganzen das bereits Gesagte.

Im Sitzen kann mit Zusatzlast, (z. B. Partner oder Hantelstange), gearbeitet werden, da hier keine Rückenbelastung auftritt. Im Sitzen besteht der Nachteil, daß die Waden nur unvollständig trainiert werden. Ein Kopf des m. gastrocnemius wirkt zweigelenkig und sollte im Stehen trainiert werden.

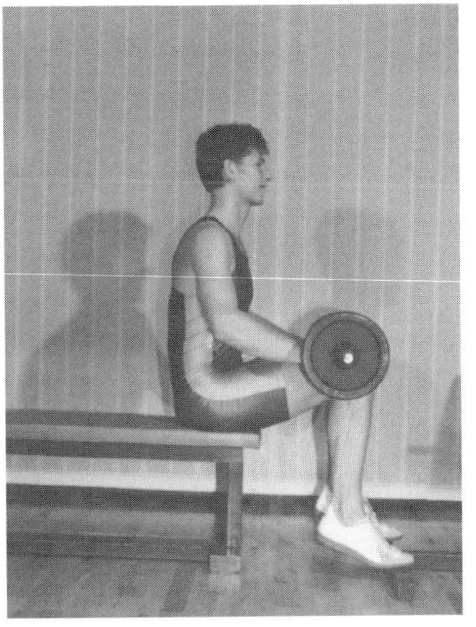

*Abb. 113*

**Übung W 52: (Abb. 114)**
**Wadenheben in der Vorbeuge**

Man stellt sich wieder mit den Fußballen auf eine Erhöhung, der Oberkörper wird bis in die Waagrechte vorgebeugt, die Hände auf einer Bank oder Kasten abgestützt. Der Partner setzt sich auf den Rücken (so weit unten wie möglich) und dient so als Zusatzbelastung.

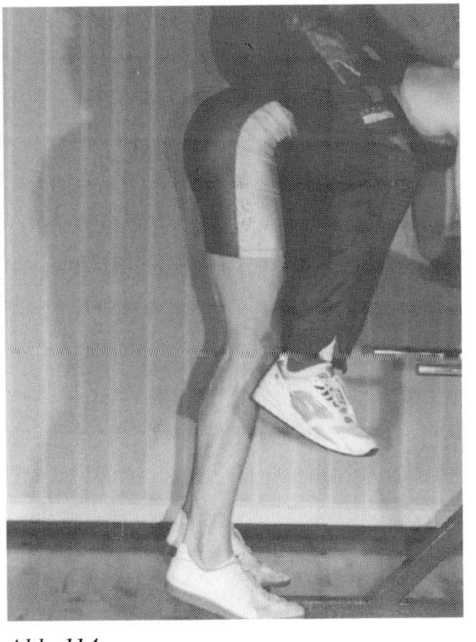

*Abb. 114*

## 10.6 Die Brustmuskulatur

### Anatomie

- Großer Brustmuskel (m. pectoralis major).

| | |
|---|---|
| Ursprung: | Schlüsselbein, Rippenknorpel. |
| Ansatz: | An einer Leiste am Oberarm unterhalb des großen Höckers. |
| Funktion: | Er führt den Arm an den Körper und rollt ihn nach innen, senkt den Arm aus der Senkrechten und bringt den zurückgeführten Arm mit nach vorne. |

- Kleiner Brustmuskel (m. pectoralis minor).

| | |
|---|---|
| Ursprung: | 3.- 5. Rippe. |
| Ansatz: | Rabenschnabelfortsatz des Schulterblattes. |
| Funktion: | Er zieht den Schultergürtel nach vorn und unten. Bei fixiertem Schultergürtel hebt er zusammen mit dem großen Brustmuskel den Brustkorb zur Unterstützung der Atmung. |

- Vorderer Sägemuskel (m. serratus anterior).

| | |
|---|---|
| Ursprung: | Seitenfläche des Brustkorbes 1.-9. Rippe. |
| Ansatz: | Innerer Rand des Schulterblattes. |
| Funktion: | Der obere Teil hebt das Schulterblatt, der mittlere Teil ist der Gegenspieler des querverlaufenden Anteils des m. trapezius, der untere Teil zieht das Schulterblatt nach vorne und ermöglicht damit das Anheben des Armes über die Waagrechte hinaus. Der Sägemuskel fixiert das Schulterblatt am Rumpf. |

### Funktion der Brustmuskulatur

Die Brustmuskulatur ist bei den meisten Menschen sehr unterentwickelt. Ihr kam wahrscheinlich eine wesentlich größere Bedeutung zu als, in einer früheren Phase seiner Entwicklung, der Mensch noch auf allen vieren lief. Man verfügt jedoch immer noch über ein großes Potential für ein entsprechendes Training, denn die Brustmuskulatur gehört eigentlich zu den großen Muskelgruppen. Sie ist nur stark verkümmert, weil sie nicht beansprucht wird. Vor einem einseitigen, übertriebenen Brustmuskeltraining, wie wir es häufig in Fitneß-Centern beobachten können, sei gewarnt.

Viele Fehlhaltungen beinhalten eine starke Verkürzung der Brustmuskeln und das Hauptaugenmerk sollte auf Dehnübungen für diese Partie liegen, um keine Haltungsverschlechterung herbeizuführen.

Ganz allgemein sollten die Muskeln des Brustkorbs natürlich gekräftigt werden. Eine Verkümmerung kann zu einer Einschränkung der Rippenbeweglichkeit führen, die Rippen befinden sich zumeist in Ausatemstellung, was einen Verlust von Atembreite und der Sauerstoffaufnahmefähigkeit nach sich zieht.

## Trainingformen für die Brustmuskulatur

### Übung P 53: Schmetterling (Abb. 115 & 116)

Eine empfehlenswerte Übung zur Kräftigung der Brustmuskulatur und zur Weitung des Brustkorbs ist folgende: Man legt sich rücklings auf eine Bank und nimmt in jede Hand ein Zusatzgewicht (am besten verstellbare Kurzhanteln).

Aus der Hochhalte über der Brust, Handinnenflächen zeigen zueinander, werden die Arme seitlich in einem weiten Bogen heruntergelassen und auf dem gleichen Weg wieder in die Ausgangsstellung zurückgeführt.

*Abb. 115*

Während des gesamten Bewegungsablaufs sollten die Arme leicht gebeugt bleiben, um das Ellenbogengelenk nicht zu überlasten. Vor allem die Abwärtsbewegung sollte langsam und kontrolliert erfolgen. Beim Absenken tief ein- und beim Anheben ausatmen.

*Abb. 116*

## Übung P 54: Butterflymaschine (Abb. 117)

In fast jedem Fitneß-Center steht eine Butterflymaschine, deshalb möchten wir die wichtigsten Bewegungsmerkmale kurz zusammenfassen:

Die Füße drücken kräftig in den Untergrund und pressen Gesäß und Rücken gegen die Rückenlehne, auch der Kopf bleibt in Wirbelsäulenverlängerung am Polster. Die Sitzhöhe muß so eingestellt werden, daß zwischen Oberarmen und Rumpf ein rechter Winkel entsteht. Das Zusammendrücken der Polster erfolgt durch die Unterarme, die Hände haben nur eine Haltefunktion.

Besondere Aufmerksamkeit muß auf die exzentrische Phase gelegt werden: Nur ein durch Muskelanspannung betont langsames und kontrolliertes Zurückführen der Polster verhindert Überlastungsschäden.

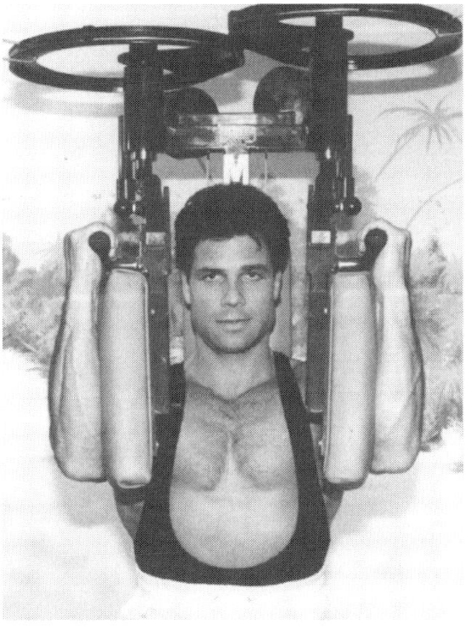

*Abb. 117*

## Übung P 55: Knieliegestütz (118-120)

Wirkung: Kräftigung der Brust-, Schulter- und Armmuskulatur.

Ausführung: In Bauchlage werden die Handflächen neben den Schultern aufgestellt, so daß zwischen Rumpf und Oberarm und zwischen Unter- und Oberarm rechte Winkel entstehen. Die Unterschenkel werden nach oben abgewinkelt. Es ist empfehlenswert, die Füße zu verschränken und sie auseinanderzudrücken, um eine isometrische Spannung aufzubauen, die die Stabilisierung des Körpers unterstützt. Nun drückt man mit den Armen und unter Anspannung der Brustmuskeln den Körper nach oben. In der Endstellung ruht das Körpergewicht auf den Händen und Knien. Wichtig: Schulterblattspannung und Stabilisierung der Lendenwirbelsäule.
Langsam und kontrolliert den Oberkörper wieder senken. Kurz bevor die Brust den Boden berührt, beginnt die nächste Wiederholung.
Knieliegestütze sind eine ausgezeichnete Übung, wenn für die herkömmlichen Liegestütze noch die Kraft fehlt.

Dauer: 12 – 15 Wdh..

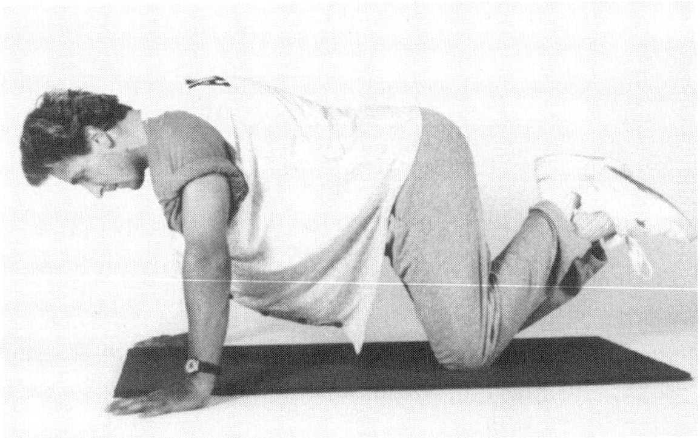

*Abb. 118*

*Abb. 119*

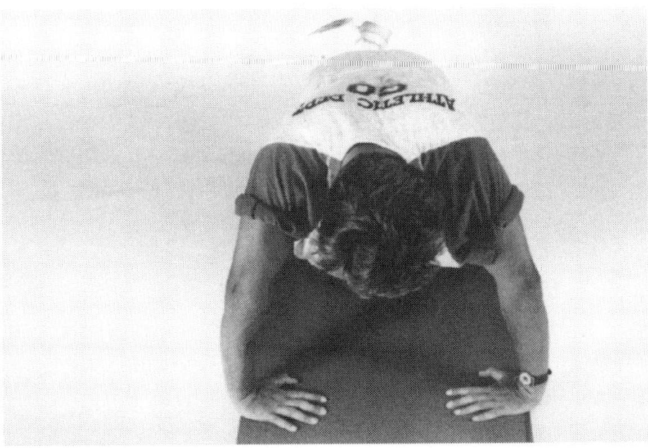

*Abb. 120*

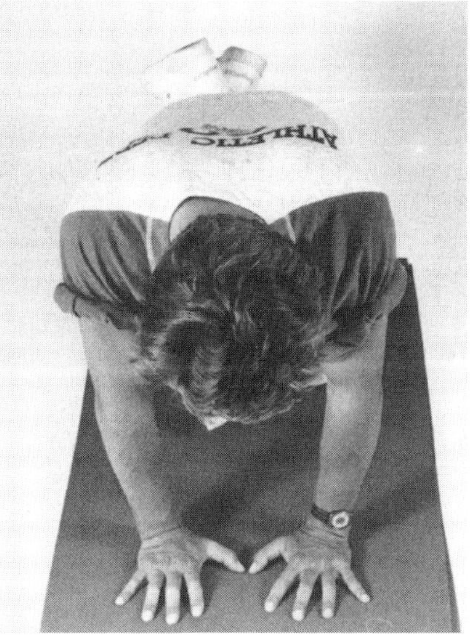
*Abb. 121*

Variation: Eine breitere Handstellung oder weiter vorne aufgesetzte Hände erfordern eine größere Körperspannung. Durch eine engere Handstellung und nicht seitlich ausgestellte Ellbogen trainiert man stärker den Triceps als die Brustmuskulatur (Abb. 121).

Fehler: Bei unzureichender Stabilisierung im Lendenwirbelbereich kommt es zu nachteiligen Belastungen der Bandscheiben im Übergang der Lendenwirbelsäule zum Kreuzbein.

Anmerkung: Häufig belasten die herkömmlichen Liegestütze Kinder, Jugendliche und Untrainierte unphysiologisch, weil es ihnen mangels ausreichender Kraft nicht gelingt, die Schulterblätter richtig zu stabilisieren.

**Übung P 56: Liegestützbeugen**

Bei ausreichender Kraft und Rumpfstabilisationsfähigkeit können „normale" Liegestütze gemacht werden. Die Ausführung gleicht der vorangegangenen Übung, nur ist diesmal der ganze Körper gestreckt und das Gewicht liegt auf Händen und Fußballen.

Grundsätzlich gilt: Je enger man die Hände neben dem Körper abstützt und die Ellenbogen am Körper anlegt, desto mehr wird der Armstrecker trainiert.

Will man einen größeren Trainingseffekt für die Brustmuskeln erzielen, müssen die Hände breiter aufgesetzt und die Ellenbogen sauber vom Körper abwinkelt werden.

Variante:
Um in der Gruppe weiter zu differenzieren, kann die Belastung verstärkt werden, indem die leistungsstärkeren diese Liegestütze von einer Erhöhung machen. Dazu werden die Fußballen bspw. auf einen kleinen Kasten gestellt.

## Übung P 57: Bankdrücken (Abb. 122)

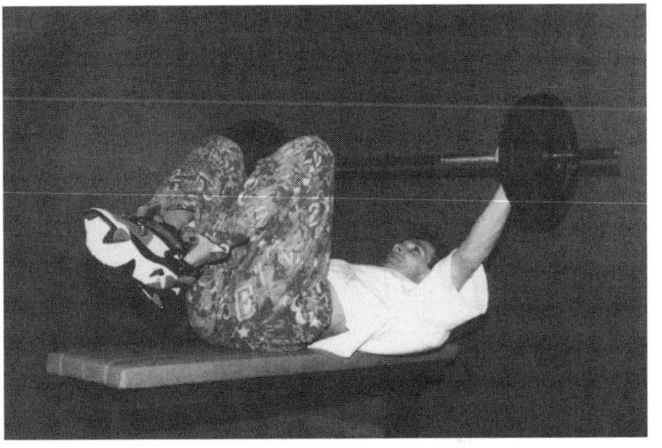

*Abb. 122*

Wirkung:
Kräftigung der Brust-, Schulter- und Armmuskulatur.
Ausführung:
Man legt sich rücklings auf eine Bank, am besten eine Trainingsbank mit entsprechender Vorrichtung (Ständer zur Hantelablage). Der Trainingspartner steht zur Sicherung am Kopfende hinter dem Übenden. Kopf, Schultern und Gesäß liegen auf der Bank, die Beine werden rechtwinklig in der Luft überkreuzt. Viele setzen die Füße aus Stabilitätsgründen rechts und links neben der Bank auf, dabei besteht allerdings die Gefahr einer Überlastung der Bandscheiben im Lendenwirbelbereich. Die Augen sind direkt unterhalb der Stange, die Hände greifen die Stange etwas über schulterbreit so, daß sie vom Mittelpunkt den gleichen Abstand haben.

Man nimmt das Gewicht mit gestreckten Armen aus der Ablage und führt es über die Brust. Die Hantel wird kontrolliert abgelassen, bis sie gerade die Brust berührt. Auf keinen Fall abfedern lassen; das hilft zwar, den toten Punkt leichter zu überwinden, hat aber keinen Trainings-, sondern höchstens einen Verletzungseffekt. Beim Herunterlassen tief einatmen. Dann drückt man die Hantel gleichmäßig und zügig nach oben. Dabei wird ausgeatmet.

Die untere Phase des Hochdrückens ist schwieriger als die obere. Wenn man fast oben ist, neigt man dazu, die Arme schwungvoll zu strecken (zum Gelenkschluß). Das ist möglichst zu vermeiden. Die Ellenbogengelenke werden geschont, und der Trainingseffekt ist größer, wenn man die Muskulatur während eines Satzes immer unter Spannung halten.

Variante:
Bankdrückens mit zwei Kurzhanteln

Das Bankdrücken mit Kurzhanteln belastet die gleiche Muskulatur und wird auch auf die gleiche Weise ausgeführt. Der Vorteil liegt darin, daß es nicht so aufwendig ist. Man kann ohne Hilfestellung arbeiten, es ist gefahrloser, denn die Hanteln können einfach am Boden abgelegt werden, man benötigt keinen Hantelständer.

Die Entwicklung beider Körperhälften verläuft gleichmäßiger, Balance und Koordination werden besser geschult.

## Übung P 58: Bankdrücken auf der Schrägbank (Abb. 123 & 124)

Wirkung: Kräftigung der Brust-, Schulter- und Armmuskulatur.

Ausführung: Schrägbankdrücken ist auch wieder mit Kurz- oder Langhantel möglich. Die Belastung verändert sich, je steiler der Winkel der Bank ist. Sie wandert nach oben, d.h. es wird der obere Teil der Brust und der vordere Teil der Schulter trainiert. Die Übungsausführung gleicht der des Flachbankdrückens. Die Bahn, beim Absenken und Hochdrücken verläuft allerdings weiter oben (knapp unterhalb des Kinns). Schrägbankdrücken gewinnt immer mehr an Bedeutung wegen seiner leistungsverbessernden Komponente, insbesondere in der Leichtathletik (Kugel).

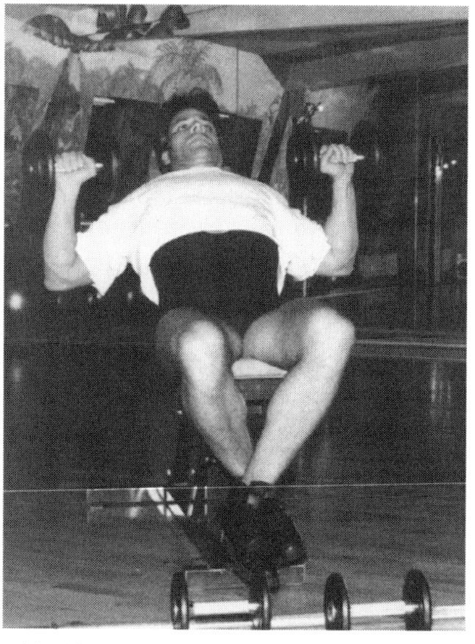

*Abb. 123*

*Abb. 124*

## Übung P 59: Überzüge mit der Kurzhantel (Abb. 125 & 126)

Wirkung: Kräftigung des Sägemuskels, der Brust- und Armmuskulatur, Weitung des Brustkorbs.

Ausführung: Man legt sich rücklings auf eine Bank (Kasten), Beine sind, um den Rücken zu entlasten, in der Luft abgewinkelt. Man hält eine Kurzhantel mit abgewinkelten Armen hinter dem Kopf, die Handinnenflächen drücken von unten gegen die Hantel. Diese wird durch eine bogenförmige Streckung der Arme bis über die Brust gebracht. Während man tief einatmet, senkt man die Hantel auf der gleichen Bahn hinter dem Kopf ab.

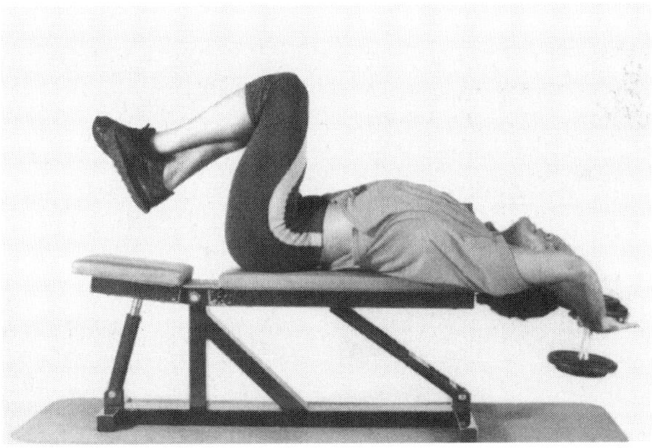

*Abb. 125*

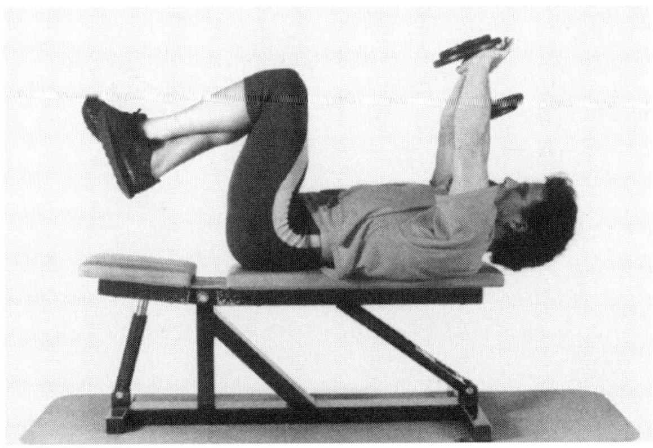

*Abb. 126*

## 10.7 Die Armmuskulatur

### Funktion der Armmuskulatur

Es gibt kaum eine Bewegung im täglichen Leben, bei der man auf die Armmuskulatur verzichten kann. So braucht man beim Wegdrücken, Verschieben von Gegenständen, Werfen den Armstrecker, wie auch beim Aufstehen aus einem tiefen Sessel. Der Armstrecker ist ein eher schnellkräftiger Muskel, während sein Gegenspieler, der Armbeuger, mehr ein ausdauernder Muskel ist, der bei Tragearbeiten (bspw. Einkaufstasche oder Tablett mit vollen Gläsern) eine Rolle spielt.

Übungen zur Kräftigung des Armbeugers zählen zu den populärsten überhaupt; wenn jemand einfach so zum Spaß oder aus Neugierde eine Hantel in die Hand nimmt, wird er meistens eine Curlbewegung ausführen (den Arm anbeugen).

Beschwerden im Oberarmbereich sind relativ selten, eine gezielte Kräftigung gewährleistet jedoch in jedem Fall eine optimale Funktion von Ellbogen- und Schultergelenk, zumal der Biceps wesentlich zur Stabilisierung im Schultergelenk beiträgt.

In den meisten Sportarten nimmt die Kraft im Schulter-Arm-Bereich nicht nur einen zentralen Stellenwert ein, sondern viele können erst durch eine gezielte Kräftigung problemlos betrieben werden.

### Anatomie

- Zweiköpfiger Oberarmmuskel (m. biceps brachii).

| | |
|---|---|
| Ursprung: | Kurzer Kopf am Rabenschnabelfortsatz, langer Kopf an einer Rauhigkeit oberhalb der Schultergelenkpfanne. |
| Ansatz: | Die gemeinsame Sehne setzt an einer Speichenrauhigkeit des Unterarmes an. |
| Funktion: | Der Biceps bewirkt hauptsächlich eine Beugung im Ellenbogengelenk, ist an der Ein- und Auswärtsdrehung der Hand und an einer Abduktion im Schultergelenk beteiligt. Der Biceps wird wegen seiner Hauptfunktion auch Armbeuger genannt. |

- Dreiköpfiger Oberarmmuskel (m. triceps brachii).

| | |
|---|---|
| Ursprung: | Zwei Köpfe entspringen an der Rückseite des Oberarmknochens, der dritte, lange Kopf kommt vom unteren Rand der Schultergelenkpfanne. |
| Ansatz: | Gemeinsame Ansatzstelle ist der große Ellenhaken. |
| Funktion: | Die Hauptaufgabe besteht im Strecken des Armes im Ellenbogengelenk. Der lange Kopf bewirkt zudem noch eine Adduktion im Schultergelenk. |

- Armbeuger (m. brachialis).

Ursprung: Vorderseite des oberen Armknochens.
Ansatz: Elle.
Funktion: Beugen im Ellenbogengelenk.

- Handgelenksbeuger.

- Handgelenksstrecker.

## Trainingsformen für die Armmuskulatur

### Übung A 60: Kick backs (Abb. 127 & 128)

Wirkung: Kräftigung des Armstreckers (m. triceps brachii).

Ausführung: Man nimmt eine Kurzhantel in die Hand des zu trainierenden Arms und hält sie so, daß die Handinnenfläche zur Oberschenkelaußenseite weist. Diese normale Handgelenkstellung, wie beim Tragen einer Tasche, wird während des Übungsablaufes nicht verändert. Der Oberkörper wird bis in die Waagerechte vorgebeugt, Unterschenkel und die freie Hand stützen sich auf einer Bank o.ä. ab. Man winkelt den Hantelarm im Ellbogengelenk zu 90° ab und streckt ihn nach hinten oben bis in die Waagerechte.

Dauer: 12 – 15 Wdh., nur dynamisch.

Fehler:
- Hantel wird schwungvoll nach hinten gebracht;
- Oberarm sinkt ab.

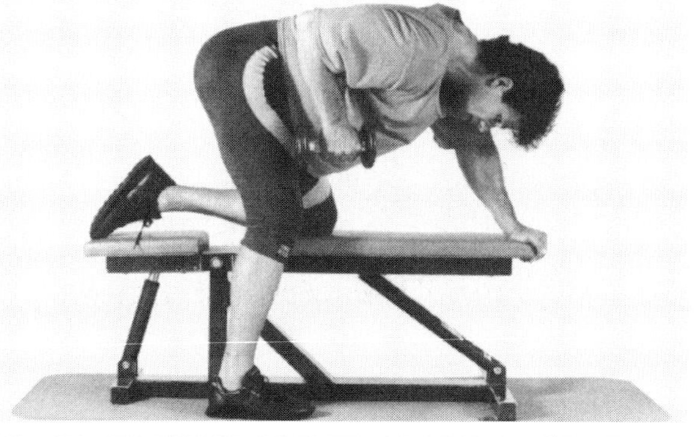

*Abb. 127*

*Abb. 128*

## Übung A 61: Tricepsdrücken einarmig (Abb. 129 & 130)

Wirkung: Kräftigung des Armstreckers (m. triceps brachii).

Ausführung: Man setzt sich mit angelehntem Rücken auf eine Bank, Stuhl etc., nimmt eine Kurzhantel in die Hand und hält sie mit gestrecktem Arm über den Kopf. Die Handinnenfläche zeigt nach vorne. Man senkt die Hantel hinter dem Kopf ab und drückt das Gewicht wieder in die Ausgangsstellung. Es ist darauf zu achten, daß der Übende nicht mit dem Rücken ausweicht (leichteres Gewicht wählen) und daß nur der Unterarm bewegt wird. Eine ruckartige Streckung zum Gelenkschluß ist ebenso zu vermeiden wie eine übermäßige Beugung des Unterarmes.

Dauer: 12 – 15 Wdh., nur dynamisch.

*Abb. 129*

*Abb. 130*

**Übung A 62: Stirnpresse (Abb. 131 & 132)**

Wirkung: Kräftigung des Armstreckers (m. triceps brachii).

Ausführung: Rücklings auf einer Bank liegend hält man eine Langhantel (am besten eine in der Mitte doppelt gebogene, um die Handgelenke bei dieser Übung nicht zu überlasten) mit ca. 30 cm Griffbreite vor der Stirn. Ohne die Stellung der Ellbogen zu verändern, werden die Arme gestreckt und langsam wieder in die Ausgangsstellung abgesenkt.

Anmerkung: Wegen der hohen Gelenkbelastung und der Verletzungsgefahr im Kopfbereich ist die Übung nur für Fortgeschrittene geeignet. Die in der Luft angewinkelten Beine sollen den Rücken entlasten, erfordern aber ein gutes Gleichgewichtsgefühl.

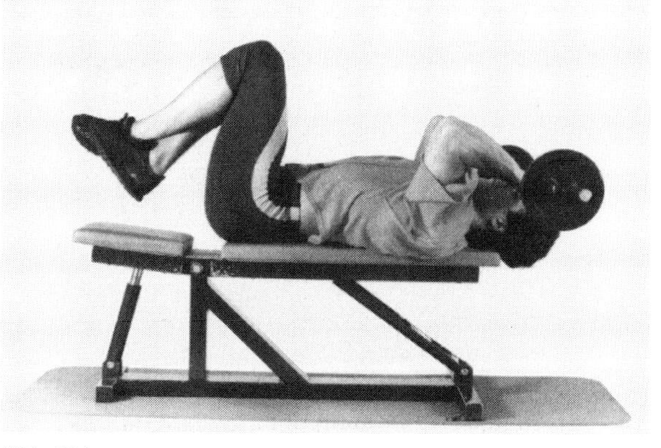

*Abb. 131*

*Abb. 132*

## Übung A 63: Push down am Kabelzug (Abb. 133)

Wirkung: Kräftigung von Armstreck-, Rücken- und Bauchmuskulatur.

Ausführung: In Schrittstellung, Belastung auf dem vorderen Fuß, werden die Unterarme aus der 90° Position nach unten gestreckt. Der Körper bleibt durch Anspannung der Bauch- und Rückenmuskulatur gerade und unbeweglich, die Oberarme bleiben an den Oberkörper gepreßt.

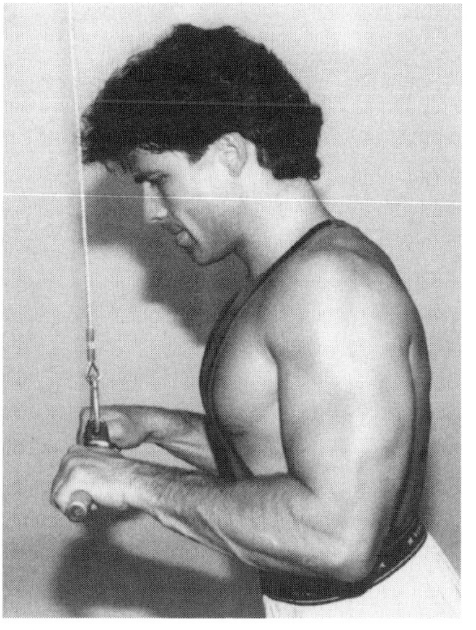

*Abb. 133*

## Übung A 64: Dips

Wirkung: Kräftigung von Armstreck-, Brust- u. Schultermuskulatur.

Ausführung: Im Barrenstütz mit nach hinten abgewinkelten Unterschenkeln wird der Körper durch Beugen der Arme zwischen den Barrenholmen abgesenkt und wieder in die Ausgangsstellung gedrückt.

Steht kein Barren zur Verfügung oder ist die Übung zu schwierig, stellt man sich mit dem Rücken vor eine Bank o.ä.. Mit etwa schulterbreit aufgestützten Händen wird der Körper durch Beugen der Arme langsam vor der Bank abgesenkt. Rücken und Beine sind dabei gestreckt, die Hüfte gebeugt, die Füße liegen nur mit den Fersen am Boden auf. Am tiefsten Punkt angelangt durch Streckung der Arme in die Ausgangsstellung zurückkommen. Schwieriger wird die Übung, wenn die Füße hochgelegt werden. In der Turnhalle würden sich zwei Langbänke, mit entsprechenden Abstand parallel gestellt, sehr gut für diese Übung eignen. Der Hüftwinkel (ca.90°) muß beim Hochdrücken beibehalten werden.

Steht kein Hilfsmittel zur Verfügung, kann die Übung auch am Boden ausgeführt werden. Nachteilig wirkt sich dabei die geringe Hubhöhe aus.

## Übung A 65: Kurzhantelcurls im Sitzen (Abb. 134 - 136)

Wirkung: Kräftigung der Armbeuger (m. biceps brachii, m. brachialis).

Ausführung: Man setzt sich mit angelehntem Rücken auf eine Bank, Stuhl etc., nimmt eine Kurzhantel o.ä. in jede Hand, die Arme sind gestreckt (Abb. 134), Handinnenflächen zeigen zum Oberschenkel oder sogar nach hinten. Nun werden abwechselnd die Unterarme bis auf Brusthöhe angebeugt. Während der Anbeugbewegung findet eine Außenrotation des Armes statt (Abb. 135). Läßt man diese Rotation weg, so daß zu Beginn und am Ende der Bewegung die Handinnenfläche zum Rumpf zeigt (Abb. 136), trainiert man in erster Linie kleine, aber kräftige Beuger. In der Endstellung zeigt die Handinnenfläche nach oben bis leicht nach außen. Der Oberarm bleibt während der ganzen Übung unbeweglich (klebt am Körper), um zu verhindern, daß die Bewegung mit einem Nachhintenpendeln der Hantel eingeleitet wird. Das Absenken erfolgt auf der gleichen Bahn, eine schnelle Bewegung zum Gelenkschluß ist zu vermeiden.

Fehler: Um zu verhindern, daß sich die Lendenwirbelsäule in der anstrengendsten Phase der Bewegung von der Lehne löst, können die Füße bspw. auf einen Hantelständer gestellt werden. Das verbessert die Stabilität und verkleinert den Hüftwinkel.

Anmerkung: Zu den beliebtesten Übungen für die Armbeuger zählen Curls mit der Langhantel. Diese Übung ist wegen häufig auftretender Beschwerden im Handgelenk- und Ellbogenbereich nicht zu empfehlen. Die Ursache liegt im Griff, die Handgelenke sind unter Belastung nach außen gebeugt, was zu Sehnenentzündungen führen kann. Des weiteren wird diese Übung zumeist im Stehen ausgeführt und ist dann ein Paradebeispiel für wirbelsäulenschädigende Übungen. Sobald die Kraft im zu trainierenden Muskel nachläßt, nimmt der Oberkörper die biomechanisch günstigste Position ein, und das ist meistens eine extreme Hyperlordose.

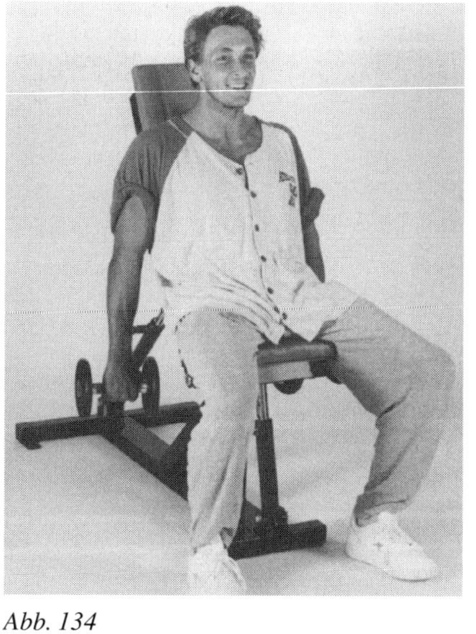

*Abb. 134*

*Abb. 135*

*Abb. 136*

Variante: Abb. 137, Scottcurls
(nur für Fortgeschrittene)

Bei dieser Übungsform mit der normalen oder doppelt gebogenen Langhantel werden die Armbeuger sehr intensiv, weil isoliert, trainiert. Man sollte inbesondere auf ein langsames kontrolliertes Absenken der Hantel achten und kurz vor der Armstreckung wieder mit der Anbeugebewegung beginnen (in der exzentrischen Phase nicht zum Gelenkschluß kommen).
Anmerkung:
Bedingt durch zu hohe Gewichtsauflage und schwunghafte Ausführung treten bei dieser Übung häufig Überlastungsschäden an Handgelenk, Ellbogen und Wirbelsäule auf.

*Abb. 137*

### Übung A 66: (Abb. 138 & 139)

Wirkung: Kräftigung der Handgelenkbeuger.

Ausführung: Mit aufgelegtem Unterarm, Handinnenfläche zeigt nach oben, Hand und Handgelenk sollten vorne überstehen, wird eine Hantel abgesenkt und aus dieser Position der Überstreckung wieder nach oben angebeugt.

Variation: Beim Absenken bis in die letzten Fingerglieder gleiten lassen.

Handgelenkstrecker

Die gleiche Ausgangsposition, nur daß dieses Mal der Unterarm so aufliegt, daß die Handaußenfläche nach oben zeigt.

*Abb. 138*

*Abb. 139*

# 11 Trainingsprogramme

Im folgenden sollen einige Programme vorgestellt werden, die es Ihnen ermöglichen sollen, ohne allzu großen Aufwand das bisher in diesem Buch Gelesene in die Tat umzusetzen.

Die Programme wurden so angelegt, daß Sie sie entweder ohne Hilfsmittel in den eigenen vier Wänden oder in einem mit Geräten bestückten Trainingsraum durchführen können. Bei einigen Übungen benötigen Sie neben einer bequemen Unterlage für die Übungen im Liegen noch einen Fitneß- oder Pezzi-Ball. Da es sich hier um ein günstiges und vielseitiges Hilfsmittel handelt, wollten wir auf den Einsatz des Balles bei rückengerechten Übungen nicht verzichten.

Viele hier dargestellte Übungen können mit Gewichtsmanschetten an den Handgelenken oder den Knöcheln intensiviert werden. Doch genügt im Grunde auch meist eine Erhöhung der Wiederholungszahlen, um einen gesteigerten Trainingseffekt zu erzielen. Sollten sich in Ihrem Haushalt bereits Geräte wie Standräder oder Minitrampoline befinden, so bauen Sie diese ruhig beim Aufwärmen oder beim Ausdauertraining mit ein.

Kleidung: Während bei den Outdoor-Sportarten die Bekleidungsfrage komplexer ist – der Trend geht zum Mehrschichtenprinzip mit atmungsaktiven und schweißtransportierenden Geweben – haben Sie es beim Fitneßtraining leichter. Bequem muß die Kleidung sein, nicht die Bewegung einengen und Schweiß aufsaugen können. Es tut also das Baumwoll-T-Shirt und die Jogginghose. Zum Aufwärmen und dem das Training beendenden entspannenden Teil empfiehlt sich ein Sweat-Shirt, um Verdunstungskälte zu verhindern.

Auch in den Fitneß-Centern herrscht kein Modediktat, so daß Sie auch dort meist in ganz normaler, funktioneller Sportkleidung trainieren können, ohne sich fehlplaziert vorzukommen. Während bei dem meist von Gymnastik-Übungen geprägten Heimtraining den Schuhen keine große Bedeutung zukommt – am besten barfuß oder in dicken Socken, – sollten beim Geräte-Training stabile Sportschuhe getragen werden, die einen sicheren Stand ermöglichen.

Musik: Bekanntlich geht mit Musik vieles leichter, so auch das Training. Wählen Sie die Musik so, daß das Tempo als Orientierungshilfe dienen kann, aber versuchen Sie nicht zwanghaft, jede Übung dem Takt anzupassen. Die richtige Musikauswahl, bei der der Takt exakt mit dem Übungsrhythmus übereinstimmt, ist schon fast eine Wissenschaft für sich. Die Musik muß Ihren persönlichen Geschmack treffen und zu Bewegung animieren. Für die Dehnübungen und den Entspannungsteil eignet sich am besten ruhige Instrumentalmusik.

# Programm 1

Zielgruppe: Anfänger, Neu- oder Wiedereinsteiger.
Trainigsziel: Fitneß.
Hilfsmittel: Keine.

## A. Aufwärmen

1. Joggen auf der Stelle, Laufstil variieren, Fersen anheben, Knie anheben, Arme nach oben bzw. zur Seite strecken, nach vorne boxen etc., etwa 10 min, Puls 120.

2. Dehnübungen (Durchführung und Dauer siehe Übungsteil).

| | |
|---|---|
| Übung S 1, Abb. 9: | Dehnung Beinrückseite. |
| Übung S 2, Abb. 11: | Dehnung Abduktoren. |
| Übung S 3, Abb. 13: | Dehnung Adduktoren. |
| Übung S 4, Abb. 14: | Dehnung Oberschenkel, Hüftbeuger. |
| Übung S 6, Abb. 16: | Dehnung Brust- u. Schulterm. |

## B. Hauptteil

| | | | Serien | Wdh. | Pause |
|---|---|---|---|---|---|
| Üb 1, Abb. 20 | Crunches | Bauchm. | 2 | 10-12 | 30 sek. |
| Üb 16, Abb. 49 | Anheben | Rücken | 2 | 20 abw. | 30 sek. |
| Üb 17, Abb. 52 | Drücken | Rumpfm. | 2 | 12 sek. | 25 sek. |
| Üb 55, Abb. 118 | Kniestütz | Brustm. | 2 | 12-15 | 30 sek. |
| Üb 48, Abb. 109 | Abduktor | – | 2 | 25-30 | 20 sek. |
| Üb 49, Abb. 110 | Adduktor | – | 2 | 20-25 | 20 sek. |
| Üb 41, Abb. 101 | Kniebeuge | Obersch. | 2 | 20 | 40 sek. |
| Üb 18, Abb. 54 | Beckenh. | Gesäß,Rm. | 3 | 15 sek. | 25 sek. |
| Üb 2, Abb. 21 | Crunches | Bm.schräg | 2 | 10-12 | 30 sek. |

Anm.: Bei Sekundenangabe (sek.), statische Übung, also Haltezeit.

## C. Cool-Down

Laufen 3 min. auslockern.

| | | |
|---|---|---|
| Dehnung, Entspannung | Übung S 2, Abb. 12 | Abduktoren, Rücken. |
| Dehnung, Entspannung | Übung S 7, Abb. 17 | Körperaußenseite. |
| Dehnung, Entspannung | Übung S 8, Abb. 18 | Wirbelsäule. |

Entspannungsübung:
In Rückenlage werden die Hände auf die Bauchdecke gelegt und mit geschlossenen Augen das Heben und Senken der Bauchdecke beim Atemrhythmus erfühlt. Beim Einatmen soll sich die Bauchdecke heben, beim Ausatmen senken. Dauer: 2-3 min., tiefe Atemzüge.

## Programm 2

Zielgruppe: Fortgeschrittene.
Trainingsziel: Fitneß.
Hilfsmittel: Keine.

### A. Aufwärmen

1. Laufübungen auf der Stelle (Federn, Hüpfen, Hampelmann), Armhaltung variieren, Dauer etwa 10 – 15 min., Puls 130; oder Seilspringen.

2. Dehnübungen (Durchführung und Dauer s. Übungsteil) angegeben.

Übung S 1, Abb. 9: Dehnung Beinrückseite.
Übung S 2, Abb. 11: Dehnung Abduktoren.
Übung S 3, Abb. 13: Dehnung Adduktoren.
Übung S 4, Abb. 14: Dehnung Oberschenkel, Hüftbeuger.
Übung S 6, Abb. 16: Dehnung Brust- u. Schulterm.

### B. Hauptteil

| | | | Serien | Wdh | Pause |
|---|---|---|---|---|---|
| Üb 1, Abb. 20 | Crunches | Bauchm. | 2 | 15 | 30 sek. |
| Üb 16, Abb. 49 | Anheben | Rücken | 2 | 20 | 30 sek. |
| Üb 56 | Liegestütz | Brustm. | 2 | 15 | 30 sek. |
| Üb 44 | Rückbeuge | Obersch. | 2 | 10 | 30 sek. |
| Üb 18, Abb. 54 | Beckenheb. | Ges.,Rm. | 2* | 20 sek. | 30 sek. |
| Üb 6, Abb. 29 | Beckenlift | Bauchm. | 2 | 12 | 30 sek. |
| Üb 20, Abb. 58 | Seitstütz | Ganzkör. | 2* | 12 | 30 sek. |
| Üb 2, Abb. 21 | Crunches | Bm.schr. | 2 | 20 | 30 sek. |
| Üb 19, Abb. 56 | Rückstütz | Rumpfm. | 2 | 12 sek. | 30 sek. |
| Üb 41, Var. 2 | Kniebeuge | Obersch. | 2* | 10 | 30 sek. |

Anm.: * bedeutet je Seite, Angabe in sek. = Haltezeit.

### C. Cool down

1. Lockeres Traben auf der Stelle, ca. 3 min.
2. Dehn- und Entspannungsübungen wie in Programm 1 oder

Entspannungsverfahren nach Jacobsen:
Diese Methode der progressiven Muskelrelaxation funktioniert über das systematische An- und Entspannen der Muskelgruppen vom Kopf bis zu den Füßen. Dadurch wird eine beruhigende entspannende Wirkung auf Körper und Geist erzielt. Zuerst wird der Muskel angespannt, die Spannung während 2-3 Atemzügen gehalten, dann entspannen und dabei tief ausatmen. Man muß versuchen, sich stark auf den Muskel zu konzentieren, sich richtig in ihn hineinzuversetzen. Eine gute Reihenfolge: rechte Hand, Unter- und Oberarm, dann die linke Seite; anschließend die Kopf- u. Gesichtsmuskeln (Bsp.: Augenbrauen und Nasenflügel hochziehen, Kiefer aufeinanderpressen), weiter geht es mit Nacken, Schultern, Bauch, Gesäß, linker Ober- u. Unterschenkel, rechter Ober- und Unterschenkel.

## Programm 3

### Schongymnastik für den Rücken

Zielgruppe: Alle.
Hilfsmittel: Pezzi- oder Fitneßball.

### A. Aufwärmen

1. Sitzend auf dem Ball federn.

### B. Hauptteil

| | | | Serien | Wdh. | Pause |
|---|---|---|---|---|---|
| Üb 9 | Abb. 35 | gerade Bm. | 2 | 15 | 30 sek. |
| Üb 10 | Abb. 38 | Rü,Schulter | 2 | 15 | 20 sek. |
| Üb 11 | Abb. 40 | Rü,Schulter | 2 | 15 | 20 sek. |
| Üb 15 | Abb. 48 | Rü,Gesäß | 2 | 15* | 30 sek. |
| Üb 13 | Abb. 46 | Rü,Gesäß | 2 | 20 | 30 sek. |
| Üb 42 | Abb. 104 | Obersch. | 2 | 12 | 30 sek. |

Anm.: * je Seite

### C. Cool-Down

| | | | | | |
|---|---|---|---|---|---|
| Üb 12 | Abb. 45 | Entspannung | 2 | 30 sek. | beliebig |

## Programm 4 (Kurzprogramm, Frühsport)

| | |
|---|---|
| Trainingsziel: | Kreislauf anregen, Rücken stabilisieren, Haltung aufbauen. |
| Zielgruppe: | Alle. |
| Hilfsmittel: | Keine. |

### A. Aufwärmen

1. Traben auf der Stelle, etwa 5 min..
2. Übung 41, Abb. 101 2 10 20 sek.
3. Dehnübungen
   S 1, Abb. 9 Dehnung Beinrückseite.
   S 4, Abb. 14 Dehnung Oberschenkel, Hüftbeuger.
   S 6, Abb. 16 Dehnung Brust- und Schulterm.

### B. Hauptteil

| | | | Serien | Wdh. | Pause |
|---|---|---|---|---|---|
| Üb 1, Abb. 20 | Crunches | Bauchm. | 2 | 12 | 30 sek. |
| Üb 16, Abb. 49 | Anheben | Rückenm. | 2 | 15 | 30 sek. |
| Üb 19, Abb. 56 | Rückstütz | Rumpfm. | 2 | 12 sek. | 30 sek. |
| Üb 28, Abb. 73 | Aufrichten | Rückenm. | 2 | 15 | 20 sek. |

### C. Cool down

Wechselduschen.

## Programm 5

| | |
|---|---|
| Trainingsziel: | Kräftigung. |
| Zielgruppe: | Fortgeschrittene. |
| Hilfsmittel: | Kurzhanteln und Bank. |

### A. Aufwärmen

1. Joggen auf der Stelle, federn, hüpfen, Arme zur Seite bzw. nach oben strecken, nach vorne boxen etc., Dauer 8 min..
2. Stepübung (Ü 43) ohne Zusatzgewicht 2 min..
3. Dehnübungen (Durchführung und Dauer s. Übungsteil).
   Übung S 1, Abb. 9 Dehnung Beinrückseite.
   Übung S 2, Abb. 11 Dehnung Abduktoren.

| | |
|---|---|
| Übung S 3, Abb. 13 | Dehnung Adduktoren. |
| Übung S 4, Abb. 14 | Dehnung Oberschenkel, Hüftbeuger. |
| Übung S 6, Abb. 16 | Dehnung Brust- u. Schulterm. |

**B. Hauptteil**

| | | | Serien | Wdh. | Pause |
|---|---|---|---|---|---|
| Üb 22, Abb. 62 | Rückstr. | Gesäß,Rm. | 2 | 15 | 30 sek. |
| Üb 11, Abb. 42 | Seitheb. | Schulter,Rm. | 2 | 15 | 40 sek. |
| Üb 11, Abb. 43 | Rückheb. | Schulter,Rm. | 2 | 15 | 40 sek. |
| Üb 29, Abb. 76 | Rudern | breiter Rm. | 2* | 15 | 40 sek. |
| Üb 1, Abb. 20 | Crunches | Bauchm. | 2 | 15 | 30 sek. |
| Üb 41, Abb. 102 | Kniebeuge | Obersch. | 2 | 15 | 60 sek. |
| Üb 6, Abb. 29 | Beckenheb | Bauchm. | 2 | 12 | 60 sek. |
| Üb 60, Abb. 127 | Kickbacks | Armstrecker | 2 | 15 | 60 sek. |
| Üb 65, Abb. 134 | Curls | Armbeuger | 2 | 15 | 60 sek. |
| Üb 59, Abb. 125 | Überzüge | Oberkörper | 2 | 15 | 60 sek. |
| Üb 2 , Abb. 21 | Crunches | Bm.schräg | 2 | 15 | 60 sek. |
| Üb 57, Abb. 122 | Bankdr. | Brustm. | 2 | 15 | 60 sek. |
| Üb 43, Abb. 105 | Stepüb. | Gesäßm. | 2 | 15 | 60 sek. |
| Üb 50, mit Kh. | Wadenh. | Wadenm. | 2 | 15 | 40 sek. |
| Üb 36, Abb. 92 | Nackendr. | Schulterm. | 2 | 15 | 60 sek. |

**C. Cool down**

1. Lockeres Traben auf der Stelle, ca. 3 min..
2. Dehn- und Entspannungsübungen S 1, Abb. 10, S 5, Abb. 15, S 7, Abb. 17
3. Eines der bereits vorgestellten Entspannungsverfahren oder Körperreise: Schließen Sie in Rückenlage die Augen und beginnen Sie, Ihren Atem zu kontrollieren. Konzentrieren Sie sich ganz auf sich selbst und Ihren Körper. Nun stellen Sie sich einen kleinen roten Punkt vor, der beginnend mit dem rechten Fuß langsam Ihren ganzen Körper durchwandert. Versetzen Sie sich immer wieder in den jeweiligen Körperteil, in dem der Punkt gerade ist, hinein, und spüren, wie schwer er am Boden aufliegt. Tiefes und ruhiges Ein- und Ausatmen (Bauchatmung) unterstützt den entspannenden Effekt dieser Methode. Am Ende Strecken und Recken wie am Morgen vor dem Aufstehen.

## Programmm 6

| | |
|---|---|
| Trainingsziel: | Straffung Problemzonen Bauch, Beine, Po. |
| Zielgruppe: | Entspr.. |
| Hilfsmittel: | Keine. |

### A. Aufwärmen

1. Joggen auf der Stelle, Laufstil variieren, Fersen anheben, Knie anheben, Arme nach oben bzw. zur Seite strecken, nach vorne boxen etc..
2. Dehnübungen (Dauer und Durchführung siehe Übungsteil).
   Übung S 1, Abb. 9 Dehnung Beinrückseite.
   Übung S 2, Abb. 11 Dehnung Abduktoren.
   Übung S 3, Abb. 13 Dehnung Adduktoren.
   Übung S 4, Abb. 14 Dehnung Oberschenkel, Hüftbeuger.
   Übung S 6, Abb. 16 Dehnung Brust- u. Schulterm..

### B. Hauptteil

| | | | Serien | Wdh. | Pause |
|---|---|---|---|---|---|
| Üb 1, Abb. 20 | Crunches | gerade Bm | 2 | 10-12 | 30 sek. |
| Üb 18, Abb. 54 | Beckenh. | Gesäßm. | 2 | 20-25 | 20 sek. |
| Üb 2, Abb. 21 | Crunches | schräg Bm | 2* | 15 | 30 sek. |
| Üb 22, Abb. 62 | Beinstr. | Gesäßm. | 2 | 20 | 30 sek. |
| Üb 6, Abb. 29 | Beckenlift | gerade Bm | 2 | 12 | 30 sek. |
| Üb 46, Abb. 47 | Abduktor | – | 2 | 30 | 20 sek. |
| Üb 47, | Adduktor | – | 2 | 25 | 20 sek. |
| Üb 5, Abb. 27 | Beinseith. | parav.Bm | 2* | 15 | 30 sek. |
| Üb 41, Abb. 101 | Kniebeuge | Obersch. | 2 | 20 | 40 sek. |

Anm.: * je Seite

### C. Cool down

Joggen auf der Stelle, 3 – 5 min.
Dehnübung S 1, Abb. 10, S 3, Abb. 13, S 5, Abb. 15
Dehn- u. Entspannungsübung S 7, Abb. 17

## Programm 7

Trainingsziel: Kräftigung, Fitneß.
Zielgruppe: Anfänger.
Hilfsmittel: Geräte, Trainingsraum.

### A. Aufwärmen

1. 10 min. auf Ergometer (1-1,5 Watt/kg Körpergewicht), Stepper, Rudergerät oder Laufband. Die Pulsfrequenz sollte bei 130 liegen.
2. Dehnübungen (Durchführung u. Dauer s. Übungsteil).
   Übung S 1, Abb. 9 Dehnung Beinrückseite.
   Übung S 2, Abb. 11 Dehnung Abduktoren.
   Übung S 3, Abb. 13 Dehnung Adduktoren.
   Übung S 4, Abb. 14 Dehnung Oberschenkel, Hüftbeuger.
   Übung S 6, Abb. 16 Dehnung Brust- u. Schulterm..

### B. Hauptteil

| | | | Serien | Wdh. | Pause |
|---|---|---|---|---|---|
| Üb 1, Abb. 9 | Crunches | gerade Bm. | 2 | 10-12 | 30 sek. |
| Üb 23, Abb. 65 | Extension | Rückenstr. | 2 | 15 | 40 sek. |
| Üb 25, Abb. 68 | Latziehen | Rückenm. | 2 | 15 | 40 sek. |
| Üb 53, Abb. 115 | Butterfly | Brustm. | 2 | 15 | 40 sek. |
| Üb 40, Abb. 99 | Beinpr. | Obersch. | 2 | 15 | 60 sek. |
| Üb 48, Abb. 109 | Abdukt. | – | 2 | 20 | 30 sek. |
| Üb 49, Abb. 110 | Addukt. | – | 2 | 20 | 30 sek. |
| Üb 36, Abb. 92 | Nackendr. | Schulterm. | 2 | 15 | 45 sek. |
| Üb 7, im Stütz | Knieheb. | gerade Bm. | 2 | 12 | 45 sek. |
| Üb 31, Abb. 80 | Rudern | Rückenm. | 2 | 15 | 45 sek. |
| Üb 60, Abb. 127 | Kickback | Armstreck. | 2 | 12 | 40 sek. |
| Üb 65, Abb. 134 | Curl | Armbeuger | 2 | 12 | 40 sek. |
| Üb 34, Abb. 86 | Seitheben | Schulterm. | 2 | 12 | 40 sek. |
| Üb 30, Abb. 78 | Strecker | Rückenm. | 2 | 15 | 40 sek. |
| Üb 51, Abb. 113 | Wadenh. | Wadenm. | 2 | 15 | 40 sek. |

### C. Cool down

Das Training sollten Sie mit 5 min. Radfahren auf dem Ergometer beschließen. Führen Sie anschließend die anfänglichen Dehnübungen nochmals aus, jedoch ohne die Anspannungsphase. Falls Sie irgendwo ein „ruhiges Plätzchen“ finden, wäre es sinnvoll, Ihr Training mit einem der vorgestellten Entspannungsverfahren abzurunden.

# Programm 8

Trainingsziel: Kräftigung, Muskelaufbau.
Zielgruppe: Fortgeschrittene.
Hilfsmittel: Geräte, Trainingsraum.

## A. Aufwärmen

1. 10 min. auf Ergometer (1,5-2 Watt/kg Körpergewicht), Stepper, Rudergerät oder Laufband. Die Pulsfrequenz sollte etwa 130 betragen.
2. Dehnübungen (Durchführung u. Dauer s. Übungsteil).
   Übung S 1, Abb. 9 Dehnung Beinrückseite.
   Übung S 2, Abb. 11 Dehnung Abduktoren.
   Übung S 3, Abb. 13 Dehnung Adduktoren.
   Übung S 4, Abb. 14 Dehnung Oberschenkel, Hüftbeuger.
   Übung S 6, Abb. 16 Dehnung Brust- u. Schulterm..

## B. Hauptteil

| | | | Serien | Wdh. | Pause |
|---|---|---|---|---|---|
| Üb 1, Abb. 1 | Crunches | gerade Bm | 3-5 | 10-12 | 60 sek. |
| Üb 7, Abb. 31 | Beinh. | gerade Bm | 3-5 | 10-12 | 60 sek. |
| Üb 8, Abb. 33 | Abdom. | gerade Bm | 3-5 | 10-12 | 60 sek. |
| Üb 23, Abb. 66 | Extension | Rückenm. | 3-5 | 10-12 | 60 sek. |
| Üb 24, Abb. 67 | Klimmz. | Rückenm. | 3-5 | 10-12 | 120 sek. |
| Üb 26, Abb. 70 | Bankz. | Rückenm. | 3-5 | 10-12 | 120 sek. |
| Üb 36, Abb. 92 | Nackend. | Schulterm. | 3-5 | 10-12 | 120 sek. |
| Üb 34, Abb. 86 | Seitheb. | Schulterm. | 3-5 | 10-12 | 60 sek. |
| Üb 37, Abb. 96 | Rückf. | Schulterm. | 3-5 | 10-12 | 60 sek. |
| Üb 40, Abb. 99 | Beinpr. | Obersch. | 3-5 | 10-12 | 120 sek. |
| Üb 39, Abb. 98 | Beinbeug. | – | 3 | 10-12 | 60 sek. |
| Üb 38, Abb. 97 | Beinstreck. | – | 3 | 10-12 | 60 sek. |
| Üb 48, Abb. 109 | Abdukt. | – | 3 | 10-12 | 60 sek. |
| Üb 49, Abb. 110 | Addukt. | – | 3 | 10-12 | 60 sek. |
| Üb 50, Abb. 111 | Wadenh. | Wadenm. | 3-5 | 10-12 | 60 sek. |
| Üb 57, Abb. 122 | Bankdr. | Brustm. | 3-5 | 10-12 | 120 sek. |
| Üb 53, Abb. 115 | Flieger | Brustm. | 3-5 | 10-12 | 60 sek. |
| Üb 59, Abb. 125 | Überzug | Oberk. | 3-5 | 10-12 | 60 sek. |
| Üb 61, Abb. 129 | Tridrück | Armstr. | 3-5 | 10-12 | 60 sek. |
| Üb 63, Abb. 133 | pushdown | Armstr. | 3-5 | 10-12 | 60 sek. |
| Üb 65, Abb. 134 | Khcurls | Armbeug. | 3-5 | 10-12 | 60 sek. |
| Üb 65, Abb. 137 | Scottcurl | Armbeug. | 3-5 | 10-12 | 60 sek. |

## C. Cool down

Das Training sollten Sie mit 5 min. Radfahren auf dem Ergometer beschließen. Führen Sie anschließend die anfänglichen Dehnübungen nochmals aus, jedoch ohne die Anspannungsphase. Falls Sie irgendwo ein „ruhiges Plätzchen" finden, wäre es sinnvoll, Ihr Training mit einem der vorgestellten Entspannungsverfahren abzurunden.

Anmerkung: Wenn Sie, auch als Fortgeschrittener das Trainingsprogramm in dieser Form, mit Aufwärmen, Hauptteil und Cool down absolvieren würden, wären Sie mit Sicherheit 3 Stunden beschäftigt. Zum einen hat niemand soviel Zeit, zumal Sie mindestens zweimal pro Woche jede Muskelgruppe trainieren sollten, um sich zu verbessern und zum anderen geht beim Krafttraining nach ca. einer Stunde die Energie verloren. Danach kann kaum mehr lohnend trainiert werden. Trainer der bulgarischen Gewichtheber gehen davon aus, daß der Testosteronspiegel im Blut nur 45 min. lang hoch genug für ein lohnendes Krafttraining ist. Deshalb planen sie Trainingseinheiten nur immer für diesen Zeitraum.
Der Fortgeschrittene, der pro Übung 3-5 Serien (Durchgänge) ausführt, muß sich deshalb sein Training einteilen, was auch als splitten bezeichnet wird.
Wie dieser Splittrainingsplan aussieht, hängt im wesentlichen davon ab, wieviel Zeit der Trainierende investieren kann.

### Vorschläge für Splittrainingspläne

Viertagesplan:

Montag: Arme, Beine, Bauch.
Dienstag: Brust, Rücken.
Mittwoch: Pause.
Donnerstag: Wie Montag.
Freitag: Wie Dienstag.

Eine andere Möglichkeit für einen Viertagesplan ist folgende, bei der man versucht, Übungen, an denen der Armstrecker beteiligt ist, auf einen Tag zu legen und solche, die die Armbeuger beanspruchen auf den anderen. Dadurch erreicht man eine optimale Erholungsphase.

Montag: Rücken, Armbeuger, Beine.
Dienstag: Brust, Schulter, Armstrecker, Bauch.

Mittwoch: Pause.
Donnerstag: Wie Montag.
Freitag: Wie Dienstag.

Für viele sind vier Trainingstage pro Woche nicht einzuhalten. Für diejenigen ein Vorschlag für einen Dreitagesplan:

Montag: Rücken, Brust, Bauch.
Dienstag: Pause.
Mittwoch: Schulter, Arme, Beine.
Donnerstag: Pause.
Freitag: Wie Montag.
Montag: Wie Mittwoch.

Durch dieses System ist auch wieder eine zweimalige Reizsetzung innerhalb von sieben Tagen gewährleistet. Haben Sie nur an zwei Tagen in der Woche Zeit, sollten Sie Ihr Training nicht splitten, sondern mit einem Ganzkörpertrainingsplan arbeiten.

Dazu suchen Sie sich zu jeder Körperpartie ein bis zwei Übungen aus, am besten immer solche, bei denen mehrere Muskelgruppen trainiert werden: Beinpresse, Bankziehen, Klimmzüge, Bankdrücken, Überzüge etc. Ein Schwerpunkt Ihres Trainings sollte immer auf der Kräftigung der Rumpfmuskulatur (Extensions, Crunches) liegen.

# Programm 9

| | |
|---|---|
| Trainingsziel: | Kurzprogramm gesunder Rücken. |
| Zielgruppe: | Sitzberufe, Autofahrer. |
| Hilfsmittel: | Keine. |

## A. Aufwärmen

Dehn- und Entspannungsübungen (Dauer und Ausführung siehe Übungsteil).

| | |
|---|---|
| Übung S 1, Abb. 10 | Dehnung Beinrückseite. |
| Übung S 2, Abb. 12 | Dehnung Abduktoren, LWS. |
| Übung S 5, Abb. 15 | Dehnung Hüftbeuger, Beinstrecker. |

## B. Hauptteil

| | | | Serien | Wdh. | Pause |
|---|---|---|---|---|---|
| Üb 16, Abb. 49 | Anheben | Rücken | 2 | 20 abw. | 30 sek. |
| Üb 17, Abb. 52 | Drücken | Rumpfm. | 2 | 12 sek. | 30 sek. |
| Üb 5, Abb. 27 | Beinseit | para.Bm. | 2* | 15 | 30 sek. |
| Üb 21, Abb. 59 | Stütz bäu. | Rumpfm. | 2 | 12-15 | 30 sek. |

## C. Cool down

Übung S 7, Abb. 17

## Trainingsempfehlungen für verschiedene Breitensportarten:

### Tennis

Für den Hobby- und Freizeitspieler ist neben Koordination und Beweglichkeit besonders eine gute Grundlagenausdauer wichtig. Wir sprechen hier nicht von Serve and Volley-Spezialisten, sondern von längeren Ballwechseln auf Sandplätzen. Die Beine werden durch ständige Orts- und Richtungswechsel sowie schnelle Antritte sehr stark beansprucht. Hier empfiehlt sich ein Aufbautraining der Oberschenkel-, Gesäß- und Wadenmuskulatur, um leistungsfähiger zu werden und um diese Beanspruchungen ohne Schädigung tolerieren zu können. Die Kompensation der Schlagbewegung, damit keine Verdrehungen im Hüftbereich auftreten sowie häufige Hyperlordosierung bei Überkopfschlägen (Aufschlag) erfordern eine gute Stabilisation der Rumpfmuskulatur. Scheuen Sie sich nicht, bspw. das Kurzprogramm Rücken, vor dem Spiel durchzuführen. Das Aufwärmen kommt bei den meisten Tennisspielern viel zu kurz. Man erreicht oft auf den letzten Drücker seinen reservierten Platz, der Partner wartet schon und los geht`s. Ist man selbst zu früh dran, werden schnell noch, praktisch aus dem Auto heraus, Aufschläge geübt. Auf diese Weise ist die Verletzungsgefahr natürlich groß. Viele Beschwerden treten beim Tennis im Schulter-Arm-Bereich auf, nicht zuletzt wegen eben angesprochener Unsitte. Regelmäßiges Kräftigen und Dehnen der Schultermuskulatur kann davor schützen. Besonders mit der Übung 32, Bild 82, zur Kräftigung der Außenrotatoren, haben wir gute Erfahrungen gemacht. Am besten durchzuführen ist die Übung, wenn Sie in Ihrer Trainingsstätte einen in der Höhe verstellbaren Kabelzug haben. Dort können Sie Innen- und Außenrotatoren gleichermaßen trainieren.

### Skifahren (alpin)

Beim alpinen Skisport dominieren die Beanspruchungen der unteren Extremitäten. Trainingsempfehlungen können wie beim Tennis für Oberschenkel-, Gesäß- und Wadenmuskulatur sowie zur Stabilisation der Rumpfmuskulatur gegeben werden. Besondere Belastung erfährt bei dieser Sportart das Kniegelenk. Deshalb muß ein Schwerpunkt auf der Kräftigung der das Kniegelenk stabilisierenden Muskulatur gelegt werden. Hier sind in erster Linie der innere (vastus medialis) und der äußere (vastus lateralis) Anteil des m. quadriceps femoris zu nennen, die besonders am Beinstrecker (Übung 38, Abb. 97) trainiert werden. Eine gute Grundlagenausdauer ist natürlich auch beim Skifahren, wie wohl in jeder Sportart, von Vorteil, hilft aber in diesem Fall zusätzlich, die erschwerten Bedingungen in größerer Höhe zu bewältigen. Im Gebirge wird die Luft dünner, die Sauerstoffkonzentration nimmt ab, was bei vielen zu Kurzatmigkeit, Müdigkeit und Schwindelgefühl führt. Der Ausdauertrainierte verfügt über mehr sauerstoffbindende Anteile im Blut (Hämoglobin) und hat die angesprochenen Schwierigkeiten nicht in diesem Maß.

Was über das Aufwärmen bereits gesagt wurde, trifft natürlich auch auf das Skifahren zu. Der häufig zu beobachtende Ablauf – unterkühlt aus dem Sessellift und sofort hangabwärts – ist Gift für den Stütz- und Bewegungsapparat, wenn wir die beim Skifahren noch erhöhten Belastungen durch die Geschwindigkeit und die zu drehenden Ski mit bedenken. Außerdem ist die Verletzungsgefahr bei Stürzen bei einer aufgewärmten geschmeidigen Muskulatur verringert.

Für Personen mit Rückenproblemen kann Skifahren alpin aufgrund der hohen Druckbelastungen, die auf die Bandscheiben bei Drehbewegungen oder bei Geländeunebenheiten (Buckeln, Wellen) einwirken, nicht empfohlen werden.

## Surfen

Das Windsurfen erfordert eine gute Kräftigung der rumpfstabilisierenden Muskulatur (Übung 16 – 23). Negative Belastungen, insbesondere der Bandscheiben, treten beim Hochholen des Segels aus dem Wasser auf. Durch die dabei häufig zu beobachtende Rundrückenhaltung entstehen hohe Druckbelastungen im Lendenwirbelbereich.

Fehlt die Kraft, um das Rigg zu halten, sollten Sie zusätzliche Übungen zur Kräftigung der oberen Rückenmuskulatur und der Armbeuger (Übungen 25, 26, 29, 30, und 31) durchführen.

## Tips bei Banalverletzungen

Durch adäquates Aufwärmen und Stretchen sowie richtige Übungsauswahl und -durchführung lassen sich Verletzungen wie Zerrungen, Muskelfaserrisse o.ä. meistens vermeiden. Sollte doch mal etwas passieren, orientieren Sie sich an nachfolgenden Empfehlungen. Bei Zerrungen und Muskelfaserrissen muß sofort gehandelt werden. Als erstes muß das betroffene Körperteil ruhiggestellt werden. Durch örtliche Kälteanwendung (Eisbeutel, cold packs) kann eine Schmerzminderung, eine Abnahme des Blutflusses und eine Verminderung der Schwellungsbildung erreicht werden. Das Eis sollte nie direkt auf die Haut. Legen Sie eine Binde oder ein Tuch darunter. Besonders schlecht sind Eissprays. Diese kühlen nur oberflächlich und können zu Erfrierungen der Haut führen. Die Kühlung muß möglichst lange einwirken. Man sollte intervallartig verfahren – 10 min. kühlen, 10 min. Pause und zwischendurch die Haut kontrollieren. Daran anschließend sollte eine Kompression der verletzten Stelle durch einen Druckverband erfolgen, um zu verhindern, daß nach Beendigung der Kühlung das Blut ins wieder erwärmte Gewebe zurückfließt und sich doch eine Schwellung bildet. Bewährt hat sich auch die Hochlagerung des betroffenen Körperteils, um den Blutfluß zu vermindern. Sollten trotz dieser guten Erstversorgung die Schmerzen nicht nachlassen, müssen Sie einen Arzt aufsuchen. Wärme oder Massage frühestens 48 Stunden nach Eintritt der Verletzung.Bei einem Krampf muß der verkrampfte Muskel entlastet werden. Er sollte durch Anspannung des Antagonisten gedehnt und dabei massiert werden.

# Anhang

## Literaturangabe

BRÜGGER, A.: Gesunde Körperhaltung im Alltag. Zürich 1989.

BÜCKER, J.: Anatomie und Physiologie. Stuttgart 1981.

BÜHRLE, M.: Grundlagen des Maximal- u. Schnellkrafttrainings. Schorndorf 1985.

CARL, K. (Hrsg.): Krafttraining in der sportwissenschaftlichen Forschung. Köln 1992.

COTTA, H.: Der Mensch ist so jung wie seine Gelenke. München 1983.

DE MAREES, H.: Sportphysiologie. Köln 1989.

EHLENZ, H.; GROSSER, M.; ZIMMERMANN, E: Krafttraining. München 1991.

ENGELHARDT, M.; NEUMANN, G.: Sportmedizin. München 1994.

FREIWALD, J.: Prävention u. Rehabilitation im Sport. Reinbek 1989.

FREIWALD, J.: Aufwärmen im Sport. Reinbek 1991.

FREIWALD, J.: Fitneß für Männer. Reinbek 1991.

GRÖSSING, S.: Einführung in die Sportdidaktik. Wiesbaden 1988.

GROSSER, M. et al.: Konditionstraining. 5. Auflage. München 1989.

GROSSER, M. et al.: Richtig Muskeltraining. 3. Auflage. München 1987.

GUNNNARI, H.; EVJENTH, O.; BRADY, M.: Allround Fitness. Reinbek 1989.

GUSTAVSEN, R.: Trainingstherapie. Stuttgart 1984.

HARTMANN, J.; TÜNNEMANN,J.: Modernes Krafttraining. Berlin 1986.

HETTINGER, T.: Isometrisches Muskeltraining. Stuttgart 1964.

HOLLMANN, W.; HETTINGER, T.: Sportmedizin. Stuttgart 1990.

HOLLMANN, W.: Zentrale Themen der Sportmedizin. 3. Auflage. Berlin 1985.

HOLLMANN, W.: Prävention und Rehabilitation von Herz-Kreislauferkrankungen durch körperliches Training. Stuttgart 1983.

KEMPF, H. D.: Die Rückenschule. Reinbek 1990.

KIPHARD, E.: Motopädagogik. Dortmund 1980.

KNEBEL, K.: Funktionsgymnastik. Reinbek 1985.

KNEBEL, K.: Fitneß Gymnastik. Reinbek 1991.

KOMI, P. V.(Hrsg.): Kraft und Schnellkraft im Sport. Köln 1994.

KONOPKA, P.: Sporternährung. München 1994.

LAGERSTRÖM, D.: Freizeitsport. Erlangen 1983.

LETZELTER, M.: Trainingsgrundlagen. Reinbek 1978.

MARTIN, D.: Handbuch der Trainingslehre. Schorndorf 1991.

VON OW, D.: Muskuläre Rehabilitation. Erlangen 1987.

PETERSEN, L.; RENSTRÖM, P.: Verletzungen im Sport. Köln 1987.

REINHARDT, B.: Gesunder Rücken – Besser Leben. Erlangen 1989.

ROST, R.: Herz und Sport. Erlangen 1991.

ROST, R.: Sport und Bewegungstherapie bei inneren Krankheiten. Köln 1991.

SCHADE, J. P.: Anatomischer Atlas des Menschen. Stuttgart 1981.

SCHMIDTBLEICHER, D.: Maximalkraft u. Bewegungsschnelligkeit. Bad Homburg 1980.

SCHNACK, G.: Intensivstretching und Ausgleichssgymnastik. Köln 1992.

SKINNER, J. S.: Rezepte für Sport und Bewegungstherapie. Köln 1989.

SHEPARD, R. J.: Ausdauer im Sport. Köln 1993

SCHWARZENEGGER, A.: Das große Bodybuilding Buch. München 1986.

SÖLVEBORN, S.: Stretching. München 1983.

STEINMANN, W.: Krafttraining im Sportunterricht. Ahrensburg 1988.

UNGER, E.: Handbuch für Kraftsport und Bodybuilding. Aachen 1992.

WEINECK, J.: Optimales Training. Erlangen 1987.

WEINECK, J.: Sportanatomie. Erlangen 1983.

WIRHED, R.: Sportanatomie und Bewegungslehre. Stuttgart 1984.

WOLFF, H.: Präventivmedizinisch orientiertes Fitneßtraining. Erlensee 1990.

# Glossar

Adaptation: Anpassungserscheinung des Organismus an Belastung. Es entwickelt sich ein erhöhtes Funktionsniveau (z.B.: Hypertrophie des Muskels durch Krafttraining). Bleibt der überschwellige Reiz aus, bildet sich die Anpassung wieder zurück.

Aerober Stoffwechsel: Stoffwechselprozesse im Organismus, die unter Beteiligung von Sauerstoff ablaufen.

Agonist: Muskel, der im Bewegungsvollzug in die Hauptbewegungsrichtung wirkt und damit gegen den Antagonisten arbeitet.

Anabol: gewebeaufbauend.

Anaerober Stoffwechsel: Stoffwechselprozesse im Organismus, die ohne Beteiligung von Sauerstoff ablaufen. Der anaerobe Stoffwechsel führt kurzfristig zu einem höheren Energiegewinn als der aerobe, führt jedoch zur Laktatbildung.

Antagonist: Muskel, der im Bewegungsvollzug gegen die Bewegungsrichtung arbeitet und damit gegen den Agonisten wirkt. Viele feinkoordinierte Bewegungen sind nur durch das Zusammenspiel von Agonist und Antagonist möglich.

Arthrose: Degenerative, nicht akut entzündliche Erkrankung eines Gelenks, besonders des Gelenkknorpels durch Überanspruchung, Abnutzung oder Verletzung.

Atherosklerose: Ablagerungen an der Gefäßinnenwand der Arterien mit der Gefahr des Gefäßverschlusses und der Unterbrechung der Blutversorgung bspw. des Herzens; führt zum Herzinfarkt.

Atrophie: Verkleinerung von Organen oder Muskeln infolge von Nichtgebrauch oder Unterforderung. Kann durch systematisches Krafttraining ausgeglichen werden.

Ausdauer: Die Fähigkeit, eine gegebene Leistung über einen bestimmten, möglichst langen Zeitraum aufrechtzuhalten (Ermüdungswiderstandsfähigkeit).

Axial: In der Achse gelegen.

Cholesterin: Bestandteil der Blutfette, wird im Körper gebildet, muß aber auch mit der Nahrung zugeführt werden. Zu hohe Cholesterinaufnahme führt zu einer Erhöhung der Blutfettwerte und beinhaltet das Risiko der Entstehung einer Atherosklerose.

Degeneration: Durch natürlichen Verschleiß, Nichtgebrauch, Altern oder Krankheit bedingte entartete Verschlechterung oder negative Veränderung von Zellen, Organen oder Körperteilen, mit der eine allgemeine Funktions- und Leistungsminderung der betreffenden Teile einhergeht.

Diastole: Ausdehnung, Auseinanderziehen des Herzhohlraummuskels, Füllungszeit.

Dynamisch-konzentrische Arbeitsweise: Die Muskellänge nimmt bei gleichzeitiger Spannungszunahme ab (auch überwindend, z. B. das Anheben einer Last).

Dynamisch-exzentrische Arbeitsweise: Auf den konzentrisch kontrahierten Muskel wirkt eine Last, die größer ist als die, die der Muskel entwickeln kann (auch nachgebend, abbremsend, z.B. das langsame Ablassen einer überschweren Hantel beim Bankdrücken).

Dynamisch-reaktive Arbeitsweise: Durch Vorspannung in der exzentrischen Phase entsteht eine höhere Kraftentwicklung in der anschließenden konzentrischen Phase.

Dysbalancen, muskuläre: Störung des Gleichgewichts der auf ein Gelenk einwirkenden Muskelkräfte, entstehend durch einseitige Belastung oder Zwangshaltung. Die verkürzte Muskulatur muß gedehnt und die abgeschwächte auftrainiert werden.

EMG (Elektromyogramm): Verfahren, um die Aktionsströme der Muskeln graphisch darzustellen. Möglichkeit festzustellen, welcher Muskel bei welcher Bewegung oder Übung wie stark beteiligt ist.

Epiphyse: Endstück an den langen Röhrenknochen der Gliedmaßen. Wachstumsfuge beim Heranwachsenden.

Extension: Streckung.

Fettsäuremobilisation: Bei einer Beanspruchung der allgemeinen aeroben Langzeitausdauer (z.B. Joggen länger als 30 Min., Puls 130) tritt, je länger die Tätigkeit währt, die Kohlenhydratverbrennung gegenüber der Fettverbrennung zurück. Schließlich wird das Fett zur Hauptbrennstoffquelle. Laktat hemmt die Mobilisation von Fettsäuren, deshalb sollte die Herzfrequenz nicht zu hoch sein (50-65% der maximalen Hf.). Das entspricht einem Puls von ca. 120-130 Schlägen pro Minute.

Flexibilität: Das willkürliche Bewegungsausmaß in einem oder mehreren Gelenken.

Flexion: Beugung.

Funktionell: Die Aufgabe oder Betätigungsweise eines Organs im Rahmen des Gesamtorganismus berücksichtigend, mit der normalen Funktion eines Organs zusammenhängend.

Grundschnelligkeit: Die maximal erreichbare Geschwindigkeit innerhalb eines zyklischen Bewegungsablaufes.

Hämoglobin: Farbstoff der roten Blutkörperchen. Dient der Bindung, dem Transport und der Abgabe von Sauerstoff.

Haltungsschaden: Der Rumpf ist tiefer zusammengesunken und kann sich nicht mehr vollständig aufrichten.

Haltungsschwäche: Der Rumpf sinkt tiefer in die Ruhehaltung, ist aber in der Lage, sich selbständig aufzurichten.

Hyperlordose: Übermäßige Krümmung der Wirbelsäule nach vorne (umgangssprachl.: Hohlkreuz).

Hypertonie: Bluthochdruck.

Hypertrophie: Vergrößerung von Organen und Geweben durch Volumenzunahme einzelner Zellen, aufgrund erhöhter Beanspruchung.

Intermuskuläre Koordination: Abstimmung im Zusammenwirken aller, an einer zielgerichteten Bewegung beteiligten Muskeln hinsichtlich Zeitpunkt, Stärke, und Dauer ihrer An- oder Entspannung.

Intramuskuläre Koordination: Zusammenwirken zwischen zentralem Nervensystem und Skelettmuskulatur.

Ischiocrurale Muskulatur: Zusammenfassender Begriff für die Muskulatur der Beinrückseite. Verkürzungen der IM führen im allgemeinen zu Rückenbeschwerden.

Isokinetisch: Die Muskulatur hat in sämtlichen Teilpunkten der Bewegung (dynamisch überwindend oder dynamisch-nachgebend) die gleiche Spannung. Die Bewegungsgeschwindigkeit bleibt durch apparative Voraussetzungen über die gesamte Amplitude konstant.

Isometrisch: s. statisch.

Kapillarisierung: Die Versorgung eines Organs oder Körperbezirks mit feinsten, kleinsten Blutgefäßen.

Kardio-pulmonal: Herz und Lunge betreffend.

Kondition: Entwicklungsstand der motorischen Eigenschaften Ausdauer, Kraft, Schnelligkeit, Beweglichkeit und Koordination. Wird heutzutage vielfach mit Fitneß gleichgesetzt. Kann nur durch Training erworben werden.

Koordination: Das Zusammenwirken von zentralem Nervensystem und Skelettmuskulatur innerhalb eines gezielten Bewegungsablaufes.

Kraftausdauer: Die Fähigkeit, submaximale Kraftbelastungen über einen längeren Zeitraum durchzuhalten.

Kyphose: Physiologische Krümmung der Wirbelsäule nach hinten im Brustwirbelbereich.

Laktat: Laktat entsteht im Körper bei schwerer körperlicher Arbeit, wo es durch Milchsäurebildung zu einer Übersäuerung des Muskels kommt. Folge der Übersäuerung ist die Einschränkung der Arbeit bzw. deren Abbruch. Laktatbildung setzt dann ein, wenn der Energiebedarf größer ist, als durch den aeroben Stoffwechsel bereitgestellt werden kann.

Lateral: An der Seite liegend, der seitliche.

Lordose: Physiologische Krümmung der Wirbelsäule nach vorne im Lendenwirbelbereich. Zusammen mit der Kyphose entsteht so die S-Form der Wirbelsäule.

Maximalkraft: Die höchstmögliche Kraft, die das Nerv-Muskel-System bei willkürlicher Kontraktion auszuüben vermag.

Medial: In der Mitte liegend, der mittlere.

Morphologisch: Die Gestalt und den Aufbau eines Organismus betreffend.

Motorische Einheit: Nervenzelle und die von ihr gesteuerten Muskelfasern. Beim Auge ist eine Nervenzelle für ca. 7 Fasern zuständig, dementsprechend sind sehr fein koordinierte Bewegungen möglich.
Beim Beinstrecker bilden eine Nervenzelle und ca. 1000 Fasern eine motorische Einheit.

Muskelspindeln: Melder im Muskel, die Längen- und Spannungsveränderungen im Muskel übermitteln.

Myoglobin: Roter Muskelfarbstoff, der Sauerstoff aufnimmt und abgibt.

Osteoporose: Schwund des festen Knochengewebes.

Peripherie: Außenbezirk, Randgebiet.

Phasische Muskulatur: Schnell ermüdend, schnell kontrahierend,vorwiegend zur Abschwächung neigend, vorwiegend Bewegungsfunktion, Energiebereitstellung anaerob.

Physiologisch: Die natürlichen Lebensvorgänge und die normale Funktion des menschlichen Organismus betreffend.

Prävention: Vorbeugende Maßnahmen zur Verhütung von Erkrankungen durch das Ausschalten von schädlichen Faktoren.

Präventivmedizin: Vorbeugende Gesundheitsvorsorge.

Preßatmung: Anhalten (Pressen) des Atems, um bei maximalen Anspannungen den Bauchbereich und damit auch die Wirbelsäule zu stabilisieren. Gefahr durch hohen Blutdruckanstieg. Im Gesundheitssport zu unterlassen.

Progressive Muskelrelaxation: Methode zur psychischen und muskulären Entspannung durch schrittweises An- und Entspannen mehrerer Muskelgruppen in Verbindung mit tiefer, konzentrierter Atmung.

Prophylaxe: Zusammenfassende Bezeichnung für alle Maßnahmen, die zur Vorbeugung bzw. Verhütung von Krankheiten und Verletzungen angewendet werden.

Reaktionsschnelligkeit: Geschwindigkeit und Verarbeitung der Informationsaufnahme und deren Umsetzung in Nerv-Muskel-Befehle.

Rehabilitation: Wiederherstellung der Leistungsfähigkeit nach Verletzungen und Erkrankungen. Bsp.: Wiederherstellung der atrophierten Muskulatur nach längerem Gipsverband.

Rekrutierung: Vermehrte Innervierung von Muskelfasern innerhalb einer Kontraktion für das Erreichen einer höheren Kontraktionskraft.

Reps: Aus dem Englischen (repetitions), Wiederholungen. Damit wird die Häufigkeit angegeben, wie oft eine Übung am Stück ausgeführt werden muß.

Rote Muskelfaser: Auch langsame, ST (slow twitch=langsam zuckend), oder Typ I-Faser genannt. Dünner und zu größerer Ausdauerleistung fähig als die weiße Faser. Energiebereitstellung aerob.

Rumpfsektor: Der Rumpfsektor wird durch die Stellung der Knie begrenzt. Beim Anheben von Lasten sollte immer darauf geachtet werden, daß sich diese zwischen den Beinen befinden.

Sauerstoffschuld: Die vermehrte Sauerstoffaufnahme nach Beendigung einer Belastung, die über dem steady state lag.

Scheuermannsche Erkrankung: Besonders bei männlichen Jugendlichen vorkommende und besonders die unteren Brustwirbel betreffende Wirbelsäulenerkrankung, die zu einer keilförmigen Veränderung der Wirbelkörper bis zur Verkrümmung der Wirbelsäule führt. Auch Rundrücken oder Buckel genannt.

Schnelligkeitsausdauer: Die Zeitspanne, während der eine fast maximale Bewegungsgeschwindigkeit aufrechterhalten werden kann.

Schnellkraft: Die Fähigkeit, Widerstände mit höchstmöglicher Kontraktionsgeschwindigkeit zu überwinden.

Sets: Aus dem Englischen, Sätze, Serien, Durchgänge (Bsp.: 10 Wiederholungen ergeben 1 Satz).

Sinusknoten: Muskelfaserbündel im rechten Herzvorhof. Ort der Entstehung der Reizbildung und des Schlagrhythmusses des Herzens.

Skoliose: Dauerhafte seitliche Verkrümmung der Wirbelsäule.

Statisch: Stillstehend, ruhend. Spannungsänderung des Muskels bei gleichbleibender Muskelfaserlänge. Bsp.: Barrenstütz.

Steady state: Gleichgewicht zwischen Energiebedarf (-verbrauch) und Energiebereitstellung. Wird bei Ausdauerbelastungen beim Durchschnittsbürger etwa bei einer Herzfrequenz von 130 Schlägen pro Minute erreicht.

Streßhormone: Das Ausschütten der Streßhormone Adrenalin und Noradrenalin durch die Nebennierenrinde führt zur Mobilisierung aller verfügbarer Energien durch eine spendablere Leber und eine schnellere Atmung; Blutdruck, Blutfett- und Blutzuckerwerte steigen. In urgeschichtlichen Zeiten war diese Körperreaktion gekoppelt an eine anschließende Kampf- oder Fluchtsituation. In beiden Fällen wurden diese erhöhten Werte abgebaut, was in unserer heutigen Zeit nicht mehr der Fall ist und so auf Dauer zu Erkrankungen führt.

Stretching: Prinzip der gehaltenen Dehnung. Eine eingenommene Dehnposition wird vor der Schmerzgrenze über einen bestimmten Zeitraum beibehalten.

Superkompensation: Nach hoher Trainingsbelastung benötigen die beanspruchten Funktionssysteme unter Umständen mehrere Tage bis zur Wiederherstellung. Um sich vor einer erneuten Depotentleerung zu schützen, erhöht der Körper sein Potential über das Ausgangsniveau hinaus. Es besteht ein dynamisches Gleichgewicht zwischen Leistungsvermögen des Körpers und den Anforderungen, die an ihn gestellt werden.

Synchronisation: Gleichzeitiger Einsatz aller motorischen Einheiten eines Muskels.

Synergist: Muskel, der im Zusammenwirken mit anderen die Ausführung einer koordinierten Bewegung unterstützt bzw. ermöglicht.

Systole: Zusammenziehen des Herzhohlraummuskels, Austreibungszeit.

Taktil: Durch Berührung.

Testosteron: Männliches Sexualhormon, wirkt muskelaufbauend, beeinflußt Körperwachstum und Muskelkraft.

Tonische Muskulatur: Langsam ermüdend, langsam kontrahierend, vorwiegend zur Verkürzung neigend, vorwiegend Haltefunktion, Energiebereitstellung aerob.

Typ IIa-Fasern: Weißer Muskelfasertyp für Kraftbelastungen ganz kurzer Dauer.
Typ IIb-Fasern: Weißer Muskelfasertyp für Kraftbelastungen längerer Dauer.

Weiße Muskelfaser: Auch schnelle, FT (fast twitch=schnell zuckend) oder Typ II-Faser genannt. Dicker und zu größerer Kraftentwicklung fähig als die rote Faser. Energiebereitstellung anaerob.

Wirbelgleiten: Verschiebung der Wirbel aus ihrer normalen Lage.

Zyklisch: Gleichbleibend, wiederkehrend (z.B. Tretbewegung beim Radfahren, Kraulbewegung der Arme beim Schwimmen)